Joscha Remus

111 Orte in Luxemburg, die man gesehen haben muss

emons:

Bibliografische Information der Deutschen Nationalbibliothek
Die Deutsche Nationalbibliothek verzeichnet diese Publikation
in der Deutschen Nationalbibliografie; detaillierte bibliografische
Daten sind im Internet über http://dnb.d-nb.de abrufbar.

© Emons Verlag GmbH
Alle Rechte vorbehalten
© der Fotografien: Joscha Remus, außer: siehe Seite 240
© Covermotiv: privat
Layout: Eva Kraskes, nach einem Konzept
von Lübbeke | Naumann | Thoben
Kartografie: altancicek.design, www.altancicek.de
Kartenbasisinformationen aus Openstreetmap,
© OpenStreetMap-Mitwirkende, ODbL
Druck und Bindung: CPI – Clausen & Bosse, Leck
Printed in Germany 2019
Erstausgabe 2018
ISBN 978-3-7408-0363-6
Aktualisierte Neuauflage März 2019

Unser Newsletter informiert Sie
regelmäßig über Neues von emons:
Kostenlos bestellen unter
www.emons-verlag.de

Vorwort

Die Welt ist weit, doch weiter noch ist sie in unseren Träumen und Visionen. Als Reisender, der gern in dieser weiten Welt unterwegs ist, erstaunt mich die kleine Stadt Luxemburg, die Hauptstadt des einzigen Großherzogtums der Welt, immer wieder aufs Neue. Die Visionen dieser Stadt reichen weiter als die so mancher Weltmetropole und gehen sogar über unseren Planeten hinaus. Denn in Luxemburg entstand ein Zentrum, das den Abbau von Mineralien auf Monden, fremden Planeten und Meteoriten regelt. Ganz im Ernst. Da Hugo Gernsback, der Schöpfer des Begriffs Science-Fiction, aus dem Luxemburger Stadtteil Bonneweg kam, mag man am Erfindungsreichtum der Hauptstädter nicht zweifeln.

Die Luxemburger sind kreativ, und die luxemburgische Natur ist schaffensfreudig. Da graben sich ein Flüsschen namens Alzette und ein kleiner Zufluss namens Petruss über Jahrhunderttausende tief in den Sandstein und erschaffen, mitten in Luxemburg-Stadt, eine grüne Oase. Nur eben mal zehn Stockwerke tiefer gelegen als die Oberstadt. Ruhig, exklusiv, grün, dörflich. Andere Städte überlegen, wie sie die Natur und Ruhe in die Zentren bringen können. In Luxemburg geschah das, effizient und kostengünstig, ganz von allein.

Manche der überlieferten Kuriositäten und Geheimnisse konnte ich leider nicht in der Stadt finden, wie jene mysteriösen Bäume, die angeblich in die Kasematten eingewuchert sind und Besuchern des Festungsgewölbes mit ihren feinen Wurzeln den Kopf streicheln. Aber Wundersames findet sich in Luxemburg an jeder Ecke, wie goldene Einhörner, Taschentuchbäume, Voodoozauber gegen Liebeskummer, ein Kochkäse mit Wunderkräften oder ein mehrfach gepiercter Großherzog. Dass man übrigens in Luxemburg auf der Königswiese selbst noch einem bereits abgestorbenen Baum alle Ehre erweist, macht diese Stadt ganz besonders liebenswert.

111 Orte

1 — Adolph von Nassau-Weilburg

Die Engelsgeduld eines Landesvaters

An der äußeren Fassade des Hauptbahnhofs von Luxemburg sind viele berühmte Köpfe zu sehen. Der von Ermesinde II., Wenzel I., Heinrich VII., Sigismund und der von Johann dem Blinden. Besonders hart aber traf es, im Inneren des Bahnhofs, am Gleis 1, ausgerechnet die Kopfbüste von Adolph von Nassau-Weilburg, Großherzog von Luxemburg und Begründer der heutigen Herrscherlinie. Den bizarren Kopfschmuck, der an extreme Piercings erinnert, verdankt der Mann den zahlreichen Tauben im Bahnhofsviertel.

Es war sicherlich gut gemeint, als man ihm diese langen Nadeln in den Kopf jagte, um ihn vor den Hinterlassenschaften der Tauben zu schützen. Das Dumme an dieser Anti-Tauben-Strategie ist einzig, dass die Vögel sich einen Dreck um diese langen Nadeln scheren. So läuft dem großherzoglichen Schädel also meist die Brühe über die edle Stirn und Schläfe. Die meisten Bahnhofsbesucher übersehen dieses Malheur, weil sie am Hauptbahnhof zu sehr in Eile sind. Wie aber kam Adolph überhaupt zu der Ehre, hier dauernd mit resigniertem Gesichtsausdruck auf das Gleis 1 zu starren?

Im ausgehenden 19. Jahrhundert war aus der Bundesfestung Luxemburg eine freie und weltoffene Stadt entstanden, der das holländische Königshaus allerdings keinen lebenden männlichen Nachfolger schenkte. Im Sommer 1891 zogen somit der protestantische Großherzog Adolph von Nassau-Weilburg und seine Gemahlin Adelheid Marie feierlich in die katholische Stadt ein.

Da Adolph aus Hessen stammte, darf es nicht verwundern, dass der Hauptbahnhof von Luxemburg mit demjenigen von Wiesbaden fast identisch ist. Auch eine Reminiszenz an den Bahnhof in Stralsund steckt in seiner Architektur, da Adolph gern Urlaub in Vorpommern machte. Links vor dem Bahnhof steht heute noch der prachtvolle Pavillon, von dem aus der Regent am Gleis 1 auf Reisen ging.

Adresse Hauptbahnhof, 1130 Luxemburg | **ÖPNV** Bus 2, 4, 9, 10, 11, 14, 18, 22, 28, Haltestelle Gare Central | **Tipp** Im ehemaligen Abreisepavillon des Großherzogs am Bahnhofsvorplatz bietet die kleine Bäckerei »Paul« Snacks an. Ein idealer Ort, um sich mit Reiseproviant zu versorgen oder noch schnell einen Café au Lait zu trinken.

2— Die Alzettebrücke im Stadtgrund

Ein guter Grund, ein wenig länger zu bleiben

Es hat sich herumgesprochen. Von dieser Brücke aus hat man einen der schönsten Ausblicke hinauf in die Oberstadt. Vor allem auf die Alzette, die Goethe noch Elze nannte und zu der die Luxemburger so weich und erfrischend *Uelzecht* sagen, als würde sie noch rauschen wie früher. Hinten, an der Biegung des Flusses, wuchtet sich die Oberstadt am Bockfelsen steil nach oben empor. Eine einmalige Gelegenheit, den Fluss, die steilen Festungswände und die dörfliche Kulisse gemeinsam im Blick zu haben und auf ein Foto zu bannen. Viele Touristen zücken genau aus diesem Grund auf der Alzettebrücke ihre Kamera.

Es gab an dieser Stelle einmal eine Holzbrücke, die früher die Plättisgasse mit dem anderen Ufer verband und später durch die heutige Steinbrücke ersetzt wurde, über die bereits Napoleon und Goethe gingen. In alten Verzeichnissen über den Stadtgrund, die über das 17. Jahrhundert berichten, also noch zur Holzbrückenzeit, ist von Bewohnern die Rede, die »*uff der brucken*« wohnten. Tatsächlich stand bis 1914 eine Mühle auf der Brücke. Diese mittlerweile vergessene Mühle namens Haus Hertert stand genau dort, wo sich heute die Bushaltestelle befindet. Gegenüber residiert heute der exquisite »Cercle Munster« ebenfalls beinahe »auf der Brücke«. Nur Mitglieder und geladene Gäste haben Zutritt zu der Bar, den beiden Restaurants und den sieben Sälen. Um Mitglied im »Cercle Munster« zu werden, muss der Antrag eines Kandidaten von zwei Fürsprechern unterstützt werden.

Wer aber, völlig umsonst, einen spektakulären Blick auf die Flussidylle werfen will, sollte auf die Seite der Brücke gehen, wo eine Treppe hinunter ans Ufer führt. Man folgt dem Fluss eine Weile, bis man zu den Informationstafeln kommt, die hier aufgestellt sind, und schaut zurück. Voilà. Das perfekte Postkartenmotiv, samt Fluss, aufsteigender Stadt, aber – diesmal mit der Alzettebrücke selbst im Bild.

Adresse Grund, 2160 Luxemburg | **ÖPNV** Bus 23, Haltestelle Stadgronn, Bréck (oder per Felsenlift vom Plateau du Saint Esprit hinunterschweben) | **Tipp** Direkt an der Brücke bietet die kleine »Boulangerie Pâtisserie Viaduc« unter anderem frische Croissants, Pain au Chocolat und Kaffee an.

3 Amalia und die Mammutbäume

Die großartigen Begleiter der Schwarzen Prinzessin

Es mag erstaunen, auf dem Denkmal der Amalia Maria da Gloria Augusta von Sachsen-Weimar-Eisenach, die in Luxemburg als Landesmutter verehrt wird, ihren Namen nicht zu finden. Stattdessen steht auf dem Sockel mit ihrer Bronzestatue im Amalienpark: Princesse Henri des Pays-Bas. Auf Deutsch: Prinzessin Heinrich der Niederlande. Aber alles hat seine Richtigkeit, denn so war das eben im 19. Jahrhundert. Der offizielle Titel der wegen ihres sozialen Engagements überaus beliebten Regentin war der Name ihres Mannes. Andere Zeiten, andere Sitten.

Leider verstarb die populäre Prinzessin viel zu früh, im Alter von 42 Jahren. Vier Jahre sollten vergehen, bis an einem sonnigen Herbsttag im Jahr 1876 die Bronzestatue des französischen Bildhauers Charles Pêtre im neuen Amalienpark eingeweiht wurde. Mit ihrem Mann Heinrich trauerte ein ganzes Volk um die intelligente, selbstbewusste Frau. Salutschüsse erschallten, Musiker aus dem Pfaffenthal spielten den Marsch »Amalia«, und in einer bewegenden Rede ließ man das Leben und Wirken der Prinzessin, die vor allem im sozialen Bereich sehr engagiert war, noch einmal Revue passieren.

Doch niemand unter den Trauergästen konnte ahnen, dass der französische Landschaftsgärtner Édouard André, der mit der Gestaltung der innerstädtischen Parks betraut war, zwei mächtige Begleiter für die Prinzessin auserkoren hatte. Während die Parks entstanden, erteilte er den Auftrag, zwei Bäume ans Amaliendenkmal zu pflanzen, die eigentlich in Kalifornien beheimatet sind. Zwei wahre Giganten, wie der lateinische Name *Sequoiadendron giganteum* schon sagt. Während sich die Bronzestatue mit der Zeit immer weiter verdunkelte und Amalia von der Bevölkerung fortan »Schwarze Prinzessin« genannt wurde, wuchsen in ihrer unmittelbaren Nähe die zwei Riesenmammutbäume heran.

Adresse Parc Municipal, Avenue Amélie, 2449 Luxemburg | **ÖPNV** Bus 8, 12, 21, 22, Haltestelle Charlys Gare | **Tipp** Ebenfalls an der Avenue Amélie gibt es eine Fahrradverleihstation, deren Räder sich wunderbar dazu eignen, den großen Parc Municipal zu erkunden.

4 Das America House
Ein Ort mit Migrationshintergrund

Mit einem Anteil von über 47 Prozent ausländischen Mitbürgern zählt Luxemburg heute zu den beliebtesten Einreiseländern der Europäischen Union. Doch lange bevor Luxemburg dazu wurde, war es Ausreiseland. Im Laufe des 19. Jahrhunderts verließen viele Luxemburger ihr Land Richtung USA, Brasilien oder Argentinien. Im Jahr 1908 lebten bereits 16.000 luxemburgische Auswanderer in Chicago. Heute geht man von über 70.000 Nachfahren von Luxemburgern aus, die in Illinois, Wisconsin, Minnesota und Kalifornien zu Hause sind.

Ausgangspunkt für die meisten ausreisewilligen Luxemburger war jenes Haus mit dem imposanten Adler auf dem Dach in der Rue Notre-Dame. Das Gebäude in der auf Luxemburgisch Ënneschtgaass genannten Straße hieß im Volksmund allgemein nur »America House«. Es war ein Reisebüro und gleichzeitig die von Ernest Derulle geleitete »Derulle-Wigreux Auswanderungsgesellschaft«. Ein börsennotiertes Unternehmen mit Sitz in Antwerpen, das zwischen 1873 und 1935 über drei Millionen europäischen Bürgern die Ausreise nach Übersee ermöglichte. Ernest Derulle, der auch als amerikanischer Konsularagent tätig war, ließ den flügelspreizenden *American Eagle* weithin sichtbar auf einer dafür auf dem Dach installierten, drei Meter hohen Säule anbringen, die heute nicht mehr vorhanden ist. Seinerzeit war dieser Adler, als das Symbol Amerikas, das weithin sichtbare Zeichen für alle, die nach Übersee auswandern wollten. So auch für Hugo Gernsback, einen der bekanntesten Auswanderer. Der luxemburgische Autor, Verleger und Musiker war nicht nur Erfinder der Trockenbatterie, des ersten drahtlosen Funksystems und des ersten elektronischen Musikinstruments (dem Staccatone), sondern auch Schöpfer des Begriffs Science-Fiction.

Wie die meisten Luxemburger schiffte sich Hugo Gernsback nach seiner Registrierung im »America House« in Antwerpen auf einem Dampfer der »Red Star Line« ein.

Adresse 34, Rue Notre-Dame, 2240 Luxemburg | **ÖPNV** Bus 1, 15, 120, 144, 192, 194, 195, Haltestelle Hamilius, von dort 4 Minuten Fußweg | **Tipp** Zum Hotel »Simoncini« in der Rue Notre-Dame 6 gehört eine sehenswerte Kunstgalerie, die neben grafischen Werken auch Plastiken und Gemälde ausstellt.

5 Das Arboretum

Begehbare botanische Enzyklopädien

Wenn größere Städte zu Sammlern werden, so sammeln sie gemeinhin Institutionen, Behörden oder Kunstwerke im öffentlichen Raum. Wie schön, wenn sich eine Stadt wie Luxemburg dazu entschließt, Bäume aus allen Mitgliedstaaten der Europäischen Union zu sammeln. Der Name Arboretum bedeutet denn auch genau das: eine Baum- und Gehölzsammlung. Das Kirchberger Arboretum umfasst eine Gesamtfläche von rund 30 Hektar und besteht aus den drei Parkanlagen Central, Réimerwee und Klosegrënnchen. Nach den Plänen des Landschaftsarchitekten Peter Latz sollen die drei Grünflächen des Arboretums das Plateau Kirchberg eines Tages wie ein grünes Band aus Parks, Gärten und baumgesäumten Straßen durchziehen. Und eine möglichst vollständige Sammlung der im Luxemburger Klima winterharten Bäume und Sträucher Europas repräsentieren.

Die Sammlung von Bäumen und Sträuchern aus ganz Europa besteht mittlerweile aus mehr als 500 verschiedenen Arten und 40.000 Exemplaren auf einer Fläche, die 40 Fußballfeldern entspricht. Besucher werden in vier verschiedenen Sprachen über die Art, die Familie und die Verbreitung der Bäume informiert. Die begehbaren botanischen Enzyklopädien stehen ihnen ganzjährig und kostenlos zur Verfügung.

Der wohl schönste und bislang wildeste Teil ist im Park Klosegrënnchen im gleichnamigen kleinen Tal zu finden, das bis hinunter nach Neudorf reicht. Hier wurden 1997 sogar Sanddünen und einige kleine Seen mit Schilf und Pampasgras angelegt.

Das Arboretum in Luxemburg ist Naturerlebnis und Erholungsgebiet und dient der Biodiversität und dem Erhalt von seltenen Pflanzen. Darüber hinaus ist es auch Lehrstätte und ein beliebtes Ausbildungszentrum. Ein Ort der Forschung und Wissenschaft für alle angehenden Dendrologen, Forstwissenschaftler und Botaniker. Und ein schöner, lebendiger Ort des Biologieunterrichts für Schüler und Schülerinnen.

Adresse Das Arboretum auf dem Kirchberg-Plateau erstreckt sich über die 3 Parkanlagen Central, Réimerwee und Klosegrënnchen | **ÖPNV** Bus 1, 18, Haltestelle Luxexpo, Bus 7, Haltestelle Rehazenter, Tram 1, Haltestellen Coque, Universitéit und Luxexpo | **Öffnungszeiten** jederzeit zugänglich. Von Mai bis Oktober finden regelmäßig Führungen statt. | **Tipp** Vom Park Klosegrënnchen sind es nur 10 Minuten zu Fuß zur Pizzeria »Farinella« in der Rue Edward Steichen 13, die hier schon seit über 25 Jahren die Gäste verwöhnt.

6 Au pain de Mary

Von Lockenstäben und feinen Baguettes

Wenn Mary die duftenden Baguettestangen in die Regale räumt, die Zitronen-Himbeer-Torte verziert oder einen aus Schokolade geformten Koffer zurechtrückt, geht alles in souveräner Ruhe vor sich. Ihr eingespieltes Team wartet auf die Menschenmassen. Gerade sonntags reicht die Schlange der Kunden oft weit auf die Straße hinaus.

»Au pain de Mary« ist mittlerweile eine geschützte Marke. Die Inhaber des Ladens lassen den Vertrieb ihrer nach geheimen Rezepturen hergestellten Backwaren, Torten und Baguettes über Großhandelsketten nicht zu. Klar könnte man so mehr Umsatz machen, aber irgendwann würde angesichts der Masse die Qualität leiden. Die Bewohner ihres Viertels und weit darüber hinaus wissen das zu schätzen. Und mittlerweile kennt jeder zumindest ein kleines Geheimnis von Mary. Denn den Teig ihrer Baguettes rollt sie in Hartweizengrieß, um die Kruste knuspriger zu machen.

Was viele aber nicht kennen, ist die wundersame Geschichte hinter Marys Erfolg. Als die Bäckerei Bock, die vorher am selben Ort über Jahrzehnte hinweg die Kunden verwöhnte, zumachen musste, weil der Bäcker in die Jahre gekommen war, saß Frau Bock bei ihrer Friseurin. Dort erzählte sie, wie gern sie die Bäckerei weiterführen würde. Eine der anwesenden Friseurinnen hieß Maryline, und ihr Mann Manu war bereits damals ein sehr guter Bäcker. Und da sich Maryline nicht nur aufs Ondulieren von Haaren, sondern auch hervorragend aufs Kneten und Backen von Brot verstand, war dies der Beginn einer unvergleichlichen Erfolgsgeschichte. Eine Zeit lang weihte Herr Bock die neuen Bäcker noch in die Geheimnisse von Rieslingspasteten ein. Doch heute setzen die beiden selbst neue Maßstäbe. Auch was die Hygiene betrifft. »Keiner von unserem Personal kommt hier mit Geld in Berührung«, sagt Mary lächelnd. »Der Kunde steckt seine Euros einfach in eine Zählmaschine, die immer passend herausgibt. C'est ça!«

Adresse 40, Rue de Gasperich, 1617 Luxemburg | **ÖPNV** Bus 18, Haltestelle Gasperich Lascombes | **Öffnungszeiten** Mo–Fr 6–19.30 Uhr, Sa 6.30–18 Uhr, So 7–14 Uhr | **Tipp** Auch die Pizzeria »Bei der Auer« in der Rue de Gasperich 9 spielt im Konzert der guten Handwerkskunst und Teigverarbeitung auf höchstem Niveau mit.

7 Die Badanstalt

Separees für ungestörte Badefreuden

In der 1904 eröffneten Badanstalt in der Rue des Bains ist bis heute die schöne Errungenschaft abschließbarer Badewannen-Separees erhalten geblieben. Obgleich Hygiene und Reinigung, und nicht etwa der Sport, vor über hundert Jahren im Vordergrund standen, gab es damals in der Badanstalt schon eine Art Wellnessbereich mit Heißluft- und Dampfbädern, einem »Kneteraum« für Massagen, einem Saal für Schwedische Heilgymnastik, einem »Freiluft-Solarium«, diversen »Elementarmedizinalbädern« und ebenjene Separees für Einzelpersonen. Im 19. Jahrhundert war das Baden in solchen abgetrennten Räumen reiner Luxus. Ein Luxus ist es aufgrund seiner Seltenheit auch heutzutage. Denn überall in Europa werden öffentliche Wannenbäder, die keine Gewinne erwirtschaften, geschlossen. Ob der Mensch der Zukunft diesen Rückzugsort, diese Bastion des öffentlich Intimen wirklich aufgrund des schnöden Mammons aufgeben muss, wird sich zeigen. Jedenfalls stemmt sich die Badanstalt im Herzen der Stadt Luxemburg entschlossen gegen den reinen Kommerz und verblüfft mit ihrer sozialen Preisgestaltung. 45 Minuten in der Wanne, inklusive Seife aus dem Spender, kosten bescheidene 1,70 Euro.

Natürlich gibt es neben separaten Wannen und Duschen auch ein öffentliches, großes Schwimmbecken, in dem viele Luxemburger schwimmen gelernt, ihre erste Eskimorolle im Kajakverein oder ihren ersten Kunstsprung vollführt haben.

Übrigens darf man in der gesamten Badanstalt keine Personen fotografieren. Natürlich auch keine in den Badewannen, was ein schönes Foto für dieses Buch gewesen wäre. Glücklicherweise sammelt aber Sheila Engel-Seil, eine Angestellte des Bäderbetriebs, seit über 20 Jahren Badeenten. Besonders hübsche, wenn auch leider nicht öffentlich zugängliche Badeenten. Ein Dankeschön an sie für die Inspiration und dafür, einen Teil ihrer Sammlung für die Fotos zur Verfügung gestellt zu haben.

Adresse 12, Rue des Bains, 1212 Luxemburg | **ÖPNV** Bus 9, 10, 11, 12 14, 19, 20, Halte-stelle Badanstalt | **Öffnungszeiten** Di–Fr 8–21.30 Uhr, Sa 8–20 Uhr, So 8–12 Uhr, Mo geschlossen | **Tipp** Wer inmitten der geschäftigen Oberstadt mal eine Pause braucht, findet im wunderschönen Innenhof des »Café du Capucins« (1, Rue Beaumont) eine Insel der Ruhe.

8 Die Banannefabrik

Ein Obstlager wird zum Tanztempel

Der Stadtteil Bonneweg war lange nicht dafür bekannt, ein kultureller Bezirk zu sein. Dank der Nähe zum Hauptbahnhof lag die Dynamik eher im industriellen Bereich. Italienische und portugiesische Arbeiter zogen bereits in den 1950ern in das Industrie- und Handelsgebiet am Rande der Stadt, weil die Mieten dort günstig und ihre Fabriken in der Nähe waren. Zu den großen Arbeitgebern in diesem Stadtteil zählte auch ein Lager- und Umschlagplatz für Obst und Gemüse. Ein Hallengebäude, das im Besitz von »Chiquita« war, dem damals größten Bananenexporteur der Welt. Als das Obst- und Gemüsedepot aus Gründen des Strukturwandels schließen musste, erwarb die Stadt das Gelände und stellte es in den frühen 1990er Jahren dem Künstler Rick van den Kerchove zur Verfügung.

Aus der einstigen Gemüsehalle wurde schon bald ein Freiraum für zeitgenössische Kunst, in dem Theater- und Tanzaufführungen stattfanden. Die alten schwarzen Räumlichkeiten waren auch ideale Drehorte für Vampir- und Horrorfilme. Der endgültige Durchbruch zum Kulturzentrum kam 2007, als Luxemburg Kulturhauptstadt Europas wurde und die Choreografen Bernard Baumgarten sowie der Architekt Alain Linster die Banannefabrik gründeten.

Man erinnerte sich an den alten Namen, den die Arbeiter der Lagerhalle gegeben hatten, und veranstaltete im September 2011 ein großes »Banannefest«. Die Musiker, Tänzer und Schauspieler kamen in schrillem Gelb auf die Bühne, alle Veranstaltungen waren auch als Hommage an die Arbeiter des Viertels gedacht. Die verschiedenen Aufführungen waren, was Inhalte und Kostüme betrifft, ganz und gar auf das Thema Bananen ausgerichtet. Derzeit gibt es in den Räumen fünf kulturelle Einrichtungen, die sich auch »Choreographic Creation Center« nennen. Die Kultur hat längst die Gemüsehallen erobert. Nur außen hängt immer noch das alte, mittlerweile arg ramponierte Chiquita-Schild.

Adresse 12, Rue du Puits, 2355 Luxemburg, www. banannefabrik.lu, Führungen auf Anfrage unter info@banannefabrik.lu | ÖPNV Bus unter anderem 9, 10, 11, 13, 14, 22, 27, 28, Haltestelle Hauptbahnhof, von dort 15 Minuten Fußweg. Man überquert die Gleise über eine Brücke, biegt rechts in die Rue de Bonnevoie ab und folgt ihr, bis rechts die Rue Antoine Godard abzweigt, die in die Rue du Puits übergeht. | Tipp Nur 50 Meter entfernt gibt es eine Kantine, in der – nicht nur für Künstler – mittags täglich frisch zubereitete warme Mahlzeiten angeboten werden.

9 Das Bankenmuseum

Die lustigsten Banküberfälle der Welt

Wer wissen will, wie man eine Bank überfällt, sollte am Place de Metz all die Touristen ignorieren, die hier ein palastartiges Renaissancegebäude mit seinem 46 Meter hohen Uhrenturm ablichten. Viele halten das 1913 vollendete Gebäude für jene Burg, die Luxemburg seinen Namen gab, und fotografieren begeistert drauflos. Doch es handelt sich um den Hauptsitz der Staatssparkasse, die sich seit 1989 »Banque et Caisse d'Épargne de l'État« (BCEE) nennt. Eine Bank, die wie eine Festungsburg aussieht und über das Portal einfach ihren alten luxemburgischen Namen schreibt: *Spuerkeess*. Sparkasse!

Wer wissen will, wie man eine Bank überfällt, sollte auch am Götterboten Merkur und der Göttin der Fruchtbarkeit, der leicht bekleideten Ceres, vorbei die Freitreppe hinaufgehen und durchs riesige Portaltor in die ehemalige Schalterhalle der Bank eintreten. Denn dort gibt es, neben den Gitterstäben mit Goldbarrenimitaten und all den authentischen Schließfächern, Rechenmaschinen, Geldnoten und Bankschaltern, auch eine offen stehende, dicke Tresortür.

Der Tresorraum ist zu einem kleinen Filmtheater umgebaut worden, in dem nun Robert de Niro, Al Pacino, Louis de Funès und die Daltons auf amüsante Weise zeigen, wie man einen Tunnel anlegt, wie man sich geschickt abseilt, wie man schaufelt, bohrt, meißelt und sich mit Dynamit den Weg zu den Goldbarren und Geldschätzen freisprengt. Den Filmausschnitten ist ein Hinweis vorangestellt: »Ni armes, ni violence«. Keine Sorge also, Waffen und Gewalt (außer gegen Bankgemäuer) kommen in den Filmen nicht vor. Mit der hübschen Idee, die Banküberfälle ausgerechnet in einem echten Tresor zu zeigen, beweist die luxemburgische *Spuerkeess* viel Humor. Eine Warnung aber kann sich die Bank dann doch nicht verkneifen: Man solle, so heißt es, im Traum nicht daran denken, das hier Gesehene jemals selbst zu versuchen.

Adresse 1, Place de Metz, 1930 Luxemburg | **ÖPNV** Bus 2, 4, 10, 11, 13, 14, 18, 21, 22, 28, 31, Haltestelle Martyrs | **Öffnungszeiten** Mo – Fr 9 – 17.30 Uhr | **Tipp** Nur einen Katzensprung entfernt ist die Adolphebrücke, die von den Luxemburgern auch *Néi Bréck*, also Neue Brücke, genannt wird. Unterhalb der Fahrbahnen für den Autoverkehr gibt es eine Hängebrücke, auf der Fußgänger und Radfahrer einen weiten Blick ins Tal haben.

10 Die Beautiful Steps

Die stufenweise Eroberung des Himmels

Den meisten Passanten fällt sie gar nicht auf. Über ihren Köpfen und über dem Bürgersteig in der Rue Notre-Dame schwebt eine weiße, sich verjüngende Form, die aussieht wie eine enthauptete Pyramide. Die permanente Installation ragt dramatisch drei Meter weit aus der Fassade des Casinos. Wenn nicht zufällig eine Person auf dem ins Leere ragenden architektonischen Vorsprung steht, bleibt dem Betrachter auf der Straße verborgen, dass es sich um einen Balkon handelt.

Von außen wirkt dieser Balkon aus weißem synthetischen Glasfaser-Komposit wie eine geschlossene geometrische Form. Der historischen Fassade scheint plötzlich eine weiße Nase gewachsen zu sein. Das ist schon ein mutiger und starker Kontrast, den das Schweizer Künstlerduo Sabina Lang und Daniel Baumann hier gesetzt hat. Minimalistisch, zeitgenössisch, und, was die meisten Betrachter nicht ahnen, die Proportionen des Pyramidenstumpfs ähneln denen der bekannten Schweizer Schokolade Toblerone. Von innen ist die weiße Nase über eine kleine Leiter, die zum Fenster führt, gut erreichbar. Man klettert ein wenig Richtung Himmel. Ein idealer Ort zum Träumen und um, mit einem Glas Crémant in der Hand, das abendliche Firmament zu betrachten. Eine hübsche Himmelsempore, die wunderbar zum Casino passt, das sich auch als Labor für das schöpferische Schaffen der Zukunft und als Treffpunkt für junge Künstler sieht.

Orientiert haben sich Lang und Baumann an den bereits vorhandenen »White Cubes« im Casino. Weiße, würfelartige, nach oben offene Kunst-Konstrukte, die in einige Räume hineingeschachtelt wurden.

Der 1882 als »Casino Bourgeois« eröffnete Ort des Glücksspiels, an dem Franz Liszt 1886 sein letztes Klavierkonzert gab, lädt heute mit zeitgenössischer Kunst zum Perspektivwechsel ein und ist durch die »Beautiful Steps«, diese Eroberung eines kleinen Stück Himmels, etwas reicher geworden.

Adresse 41, Rue Notre-Dame, 2240 Luxemburg | **ÖPNV** Bus 1, 15, 120, 144, 192, 194, 195, Haltestelle Hamilius, von dort 4 Minuten Fußweg | **Öffnungszeiten** Mo, Mi, Fr, Sa, So 11–19 Uhr, Do 11–23 Uhr | **Tipp** Um die Ecke in der Rue Chimay 8 serviert die Konditorei und Bäckerei »Cathy Goedert«, neben vielen anderen Köstlichkeiten, ihr *Äpeli*, einen phantastischen Apfelplunder. Guten Kaffee gibt's auch.

11 Beim Renert

Luxemburger Lebensart im Zeichen des Fuchses

Während sich im Sommer in den Terrassencafés des belebten Place d'Armes die Touristen drängeln, geht es nebenan, auf dem Place Guillaume II, wesentlich entspannter zu. Hier, schräg gegenüber dem Michel-Rodange-Monument, in einer ruhigen Ecke des Platzes, liegt ein original luxemburgisches Bistro-Café mit kleiner Terrasse. Bereits beim Betreten des von den Einheimischen nur kurz »Renert« genannten Bistros wird einem schnell klar: Die Inhaber Giordano und Didier haben sich mit Haut und Haar der in Luxemburg allseits bekannten Tierfabel »Renert« des lange verschmähten Dichters Rodange und deren Hauptfigur, dem Fuchs, verschrieben.

An einer Wand begrüßt eine Galerie von Fuchs-Porträts die durstigen Gäste, und dank einer beachtlichen Büchersammlung kann man sich in aller Ruhe in die Werke des Dichters Rodange vertiefen. Neben einigen Originalausgaben seines Buches finden sich auch Kochbücher mit luxemburgischen Rezepten.

Da sich im »Renert« hauptsächlich Luxemburger treffen, ist klar, dass ein Gericht wie die Carbonade flamande nicht mit belgischem Trappistenbier, sondern luxemburgischem Biersenf einen besonderen Pfiff bekommt. Wie es in einem bekannten Lied heißt, stehen in diesem Bistro auch *Kachkéis, Bouneschlupp* und *Quetschekraut* hoch im Kurs. Also Kochkäse, Bohnensuppe und Pflaumenmus. Allerdings haben die lebenslustigen Betreiber kulinarisch weitaus mehr zu bieten.

Wunderbare hausgemachte Buletten, über 25 Sorten Gin, ausgewählte Crémants und Weine von kleinen Winzerbetrieben. Alle Speisen und Getränke sind glutenfrei. Außerdem gilt im Café und auf der hübschen Terrasse: No wifi, no cry!

Kleinbürgertum ist beim »Renert« kein Schimpfwort, hier treffen sich alle Generationen und Berufsgruppen. Und den Betreibern, die locker einige weitere Lokale dieser Art eröffnen könnten, ist glaubhafterweise Lebensqualität und Zeit für die Familie wichtiger als Geld.

Adresse 20, Place Guillaume, 1648 Luxemburg | **ÖPNV** Bus 19, Haltestelle Kasinosgaass oder 9, 12, 14, 19, 20, Haltestelle Badanstalt | **Öffnungszeiten** Di, Do, Fr 11−1 Uhr, Mi, Sa 10−1 Uhr, So, Mo geschlossen | **Tipp** Wer Fisch mag, sollte gleich nebenan einmal in die Meeresfrüchte-Vitrine der »Brasserie Guillaume« schauen. Empfehlung des Autors: der wilde Steinbutt oder das Thunfisch-Carpaccio.

12 — Der Bicherschaf

Hightech-Schrank für Bücher en passant

Öffentliche Bücherschränke gibt es in vielen Städten. Oft sind es selbst gezimmerte, begehbare, hübsche Holzhäuschen oder an Bäumen befestigte Regale. Es gibt auch Städte mit phantasiereich umgebauten Telefonzellen, in denen man umsonst Bücher ausleihen oder seine eigenen anderen Lesern zur Verfügung stellen kann.

Die in der Stadt Luxemburg zu findenden Exemplare, die sich schlicht *Bicherschaf* (Bücherschrank) nennen, sind anders. Denn wenn die Luxemburger etwas machen, dann sehr gern und bitte schön perfekt. Es gab Diskussionen darüber, wie so ein perfektes Bücher-Ausleihe-Wunderwerk aussehen könnte. Keine schnöden Baumbücherschränke und alternativen Holzkästen sollten es sein. Die eigens entwickelten Hightech-Objekte ruhen nun sturm- und orkansicher auf einem massiven Betonfundament, haben kratzfestes, hochwertiges Sicherheitsglas und sind absolut wasserdicht, um auch die Freuden einer winterlichen Ausleihe zu gewährleisten.

Einer dieser unverwüstlichen, wetterfesten Schränke für Bibliophile findet man seit dem Jahr 2016 auf dem Theaterplatz. Die Idee, einen öffentlichen Bücherschrank aufzustellen, der rund um die Uhr sieben Tage in der Woche kostenlos und ohne Anmeldung zu nutzen ist, geht auf die Initiative des gemeinnützigen Vereins »Freed um Liesen« (Freude am Lesen) zurück. Mittlerweile gibt es weitere öffentliche Bücherschränke in der Stadt, in Limpertsberg und in Belair.

Interessierte Leser können sich hier ein oder mehrere Bücher ausleihen und nach dem Lesen wieder in den Schrank stellen oder auch behalten und durch eigene Bücher ersetzen. Es kann sein, dass man neben französischen, englischen und deutschen Titeln auch niederländische, koreanische oder sogar Bücher auf Lëtzebuergesch entdeckt, wie »Vu Wëlwerwolz op Kalkutta«, die von Georges Hausemer wunderbar ins Luxemburgische übersetzte Version von Felicitas Hoppes Buch »Paradiese, Übersee«.

Adresse Place du Théâtre, 1660 Luxemburg | **ÖPNV** Bus 9, 14, 19, 20, Haltestelle Badanstalt | **Tipp** Die wahrscheinlich größte Weinauswahl der Stadt findet man in der »Vinoteca Ville«. Freunde eines guten Tropfens biegen vom Theaterplatz einfach in die Rue Côte d'Eich und sind nach wenigen Metern vor der Nummer 14 am Ziel angelangt.

13 _ Der Bike Park Boy Konen

Freudensprünge auf einer ehemaligen Mülldeponie

Vielleicht erinnern sich manche an die Bonanzaräder, die als weiterentwickelte Form des Stingway-Fahrrads in den 70er Jahren nach Mitteleuropa kamen. Es waren die ersten Räder, mit denen BMX-Feeling aufkam. Heute bevorzugen jüngere Fahrer Dirt Bikes, stabile Moutainbikes mit kleinen Rahmen, die sie für ihre Sprünge und Kunststücke benötigen. Einen schönen eigenen Parcours finden sie auf dem Bike Park Boy Konen in Luxemburg-Cessingen, auf dem Gelände einer ehemaligen Mülldeponie. Die Initiations- und Trainingspiste für Mountainbike-Sportler eignet sich sowohl für Anfänger als auch Fortgeschrittene.

In erster Linie geht es gar nicht so sehr um Tempo, wenn die Biker an die Sprungschanzen fahren, sondern vor allem um Mut und Geschicklichkeit. Geschwindigkeit, die beim Race so wichtig ist, braucht man nur, um im Sprung die Tricks in aller Sorgfalt durchführen zu können. Ein junger Biker zeigt einen X-Up. Er springt ab und dreht auf dem höchsten Punkt im Flug den Lenker um 180 Grad. Seine Arme überkreuzen sich dabei und beschreiben ein X.

Neben einem in den Parcours integrierten eigenen BMX-Track gibt es einen North-Shore-Bereich, damit alle Fahrer unterschiedlicher Niveaus auf ihre Kosten kommen. Die Table Lines sind mit ihren Sprungschanzen, dem Mittelstück und dem Landehang so angelegt, dass die Folgen im Falle eines zu kurz geratenen Sprungs nicht zu dramatisch sind. Für Laien sehen die zwei längeren Holzrampen gefährlich aus, doch die Fahrerinnen und Fahrer bewältigen auch diese Parcourselemente ganz entspannt.

Ein speziell gestalteter Pumptrack sei noch zu erwähnen. In diesem Rundkurs zeigt ein Fahrer, wie er, ohne in die Pedale zu treten, allein dadurch Geschwindigkeit aufnimmt, dass er sich aus dem Rad heraus hochdrückt. »Pumpen nennt man das«, erklärt mir ein kleiner sechsjähriger Junge, der genau das Mindestalter besitzt, um hier fahren zu dürfen.

Adresse Terrain de Sport Boy Konen, 2548 Luxemburg | **ÖPNV** Bus 2, Haltestelle
Cessange Boy Konen, von dort 10 Minuten Fußweg | **Öffnungszeiten** ganztägig kostenlos
zugänglich, abends nicht beleuchtet | **Tipp** Gleich neben dem BMX-Park befinden sich
zwei Fußballplätze, Beach-, Werfer- und Hockeyfelder sowie eine Rugbyanlage, auf der
man oft Gelegenheit hat, dem CSCE Rugbyclub Luxemburg beim Training zuzuschauen.

14 Die Bouneweger Stuff

Unterricht in Latein und Kegeln

Die Betreiber der »Bouneweger Stuff« haben Humor. Und aus diesem Grund sprengen sie gern die klischeehaften Vorstellungen, die man sich üblicherweise von Kneipen des Großherzogtums macht. So besteht ein Teil des Mobiliars aus Schulstühlen und -tischen. Doch keiner der Gäste fühlt sich bei deren Anblick unliebsam an Zeiten erinnert, in denen man sich den Kopf über binomische Formeln oder den Satz des Pythagoras zerbrechen musste.

Schließlich sind an der riesigen Tafel hinter dem Tresen keine komplizierten Formeln, sondern die kalten und warmen Getränke und ihre Preise aufgelistet. Von der Künstlerhand Anne Melans mit Kreide und in Schönschrift geschrieben, wie es sich für eine abendliche Bildungsanstalt im Stadtteil Bonneweg gehört.

Lateinkenntnisse werden Bierkennern sowohl an der Tafel als auch auf den Bierflaschen selbst vermittelt. So gibt es ein Bier namens »Lupulus« (lateinisch für echter Hopfen), während das belgische Starkbier »Delirium tremens« mit seinen 8,5 Prozent dem Kenner, ob mit oder ohne Latinum, schnell zeigt, was in ihm steckt.

Die »Bouneweger Stuff« hatte schon vor dem Craft-Beer-Boom handwerklich gebraute Biere im Angebot, die sich über ihre hochwertigen Zutaten definieren. Auch das Wiederbeleben alter Brautraditionen wird vom jungen Team unterstützt.

Das Café ist kultig und vielseitig. So wurde »Comeback«, eine Sitcom, hier gedreht. Die Musik-Playlist ist außergewöhnlich, denn wann bekommt man schon einmal Tom Waits und Nick Drake in einem Lokal zu hören?

Empfehlenswert ist die Kegelbahn. Auf einer Kreidetafel kann man dort lesen, wie der Philosoph Michel Foucault außergewöhnliche Phänomene des Kegelns analysiert. Außerdem sei den Gästen die leckere *Boune (weger) Schlupp* ans Herz gelegt. Übrigens ein Wortspiel aus dem Bezirk Bonneweg und der luxemburgischen Variante eines Bohneneintopfs mit Sellerie, Kartoffeln, Speck und Lauch.

Adresse 1, Rue de Cimetière, 1338 Luxemburg | **ÖPNV** Bus 3, 5, 6, 7, 30, 31, Haltestelle Léon XIII | **Öffnungszeiten** So – Fr 11 – 1 Uhr, Sa 10 – 1 Uhr | **Tipp** Nur eine Viertelstunde zu Fuß entfernt, wird in einem der ältesten portugiesischen Restaurants der Stadt, dem »Lisboa II«, aromatischer Bacalhau (Stockfisch) serviert (90, Dernier Sol).

15 Das Café de la Presse

Schlemmen unter den Augen des Großherzogs

Die Luxemburger gehen nicht ins »Café de la Presse«! Die Luxemburger gehen in ein Lokal, das sie liebevoll »Beim Heidi« nennen. Heidi ist die ausgezeichnete Köchin und gute Seele dieses Restaurant-Bistros, das für viele Städter schon seit langer Zeit ihr Stammlokal ist. Mittags ist es voll, denn die gute luxemburgische Küche, die Heidi und ihr Mann Oswaldo hier anbieten, ist genau das, was viele bei Muttern oder der Oma ebenfalls serviert bekamen.

Wie wäre es also mit *Fierkelshämmchen* (Ferkelschinken) in der guten Stube? Oder mit *Wäinzoossiss mat Kniddelen an Moschtertzoos* draußen, auf der Terrasse? Ein Klassiker ist dieses Gericht aus mit Riesling verfeinerten Bratwüsten, Mehlknödeln und Senfsauce. Die Geheimnisse will Heidi natürlich nicht preisgeben, ihren Gästen aber läuft bei würzigen Speckaromen und den zarten Schalottenwürfeln das Wasser im Mund zusammen. Die Atmosphäre im Restaurant ist so familiär, dass manche es längst als ihr verlängertes Wohnzimmer betrachten.

Man muss wahrlich kein Monarchist sein, um in diesem urigen Gasthaus einzukehren, das genau gegenüber dem Großherzoglichen Palais liegt. Doch der royale Nationalstolz ist angesichts der Vielzahl an großherzoglichen Familienmotiven und Porträts, an rot-weiß-blauen Flaggen und doppelschwänzigen roten Löwen mit goldener Krone offensichtlich. Stolz verkündet Heidi, seit der Regentschaft von Großherzog Jean und Prinzessin Joséphine Charlotte seien fast alle Mitglieder der großherzoglichen Familie bereits bei ihr im Lokal gewesen, auch Henri nebst Gattin Maria Teresa.

Stammgäste werden von der bodenständigen Wirtin mit einem freundlichen »*Mäi Jong, waat drenkst de?*« begrüßt. Wobei Heidi, die gern selbst am Herd und hinterm Tresen steht, keinen Unterschied zwischen Bauarbeitern und Abgeordneten macht. Wohl gerade deswegen kommen auch die Parlamentarier von gegenüber so gern in ihr Restaurant.

Adresse 24, Rue du Marché aux Herbes, 1728 Luxemburg | **ÖPNV** Bus 1, 2, 4, 7, 9, 10, 11, 13, 14, 18, 21, 22, 23, 28, Haltestelle Hamilius, von dort 10 Minuten Fußweg | **Öffnungs-zeiten** Mo – Fr 7.30 – 24 Uhr, Sa 9 – 24 Uhr | **Tipp** Als schönes Kontrastprogramm empfiehlt sich das »Go Ten«, ein nur 5 Minuten entferntes Bar-Café. Für Freunde starker Getränke führt die Karte wilden Vanille Vodka mit Passionsfrucht und »illegal geschüttelten Mezcal«.

16　Das Café des Artistes

Hier geben die Gäste den Ton an

Oscar ist Barpianist und spielt seit über vierzig Jahren im »Café des Artistes«, unten im Stadtteil Grund. Und spätestens wenn Oscar zur heimlichen luxemburgischen Nationalhymne *De Féierwon*, zu Deutsch der Feuerwagen, anhebt, gibt es kaum mehr einen im Lokal, der nicht mitsingt. Die Gäste geben hier den Ton an, und die besten Sänger unter ihnen scharen sich schon früh um Oscar und sein Piano.

Ein britischer Gast stimmt »Strangers in the Night« an und gibt dazu mimisch den Frank Sinatra. Da alle anderen um ihn herum textsicher mitsingen, könnte man annehmen, alles in dieser Bar sei eine Inszenierung. Ein unglaubliches Musical, in das man glücklicherweise mitten hineingeraten ist. Das »Café des Artistes« ist legendär, und man sollte sich nicht wundern, wenn, wie geschehen, der Hollywood-Filmkomponist Hans Zimmer eines Abends am Klavier sitzt oder Vicky Leandros nach einem Konzert, hier im Luxemburger Tal, noch einige Zugaben gibt.

Seit über neun Jahren entlockt auch Fernande, die hier auf dem Foto zu sehen ist, dem Piano mit einer unglaublichen Ausdauer die fröhlichsten Töne und entführt die brodelnde Menge traumsicher in die Welten von Charles Aznavour, Hildegard Knef oder Edith Piaf. Wenn die Gäste »Non, je ne regrette rien« anstimmen, kann es sein, dass auch so manche Träne fließt.

Denn mit Edith Piaf hat alles angefangen. Es war die Zeit, als Jeannine Auber 1968 für das Lokal eine gewisse Dancy als Pianistin engagierte. Dancy hatte eine klassische Ausbildung in Luxemburg und Paris absolviert und wohnte in Paris zufällig im gleichen Haus wie Edith Piaf. Beide sangen gern zusammen, und später brachte Dancy die Magie der Chansons ins »Café des Artistes«. Tragischerweise erblindete Dancy nach und nach, spielte aber weiter und wurde zum Mythos. Bis heute ist jeder Abend an diesem wundervollen Ort auch eine tiefe Verbeugung vor der blinden Pianistin Dancy und ihrer Kunst.

Adresse 22, Montée du Grund, 1645 Luxemburg | **ÖPNV** Bus 23, Haltestelle Stadgronn, Bréck (oder per Felsenlift vom Plateau du Saint Esprit hinunterschweben) | **Öffnungszeiten** Mi–Sa 17–3 Uhr, So, Mo, Di geschlossen | **Tipp** Die Galerie im Tunnel des Felsenlifts stellt regelmäßig Werke von Luxemburger Schülern und Schülerinnen aus. Oben auf dem Plateau du Saint Esprit erwartet den Besucher mit der Kathedrale eine wichtige Sehenswürdigkeit der Stadt.

17 — Das Café Littéraire Le Bovary

Bücherliebhaber in alter Dorfkneipe

Als Lili Fouet die kleine Kneipe im Luxemburger Stadtteil Weimerskirch sah, wusste sie gleich, hier ließe sich was machen. Schließlich wünschte sie sich schon lange einen Ort, an dem sie ihre Träume realisieren konnte. Von einem Ort, an dem sie einfach sie selbst sein durfte und an dem die innigsten Wünsche, die jeder in sich trägt, nicht verloren gehen. Früher arbeitete Lily für eine Bank und für den großherzoglichen Hof. Die Sehnsucht, sich selbstständig zu machen und ihre Liebe zur Literatur endlich leben zu können, war größer als die Bedenken ihrer Freunde und ihrer Familie. War es möglich, in einem dörflichen Umfeld, in dem potenzielle Gäste lieber schnell mal ihr Bier herunterschütten, als sich mit Literatur und Kultur zu beschäftigen, Erfolg zu haben?

Lily nahm das Wagnis auf sich, übernahm die alte Kneipe mit dem Namen »Am Duerf« (Im Dorf) und nannte sie »Madame Bovary«. »Weil ich das Buch von Gustave Flaubert so gern mag«, sagt Lily. Es sei ein sehr wichtiger Roman in ihrem Leben gewesen, wobei man aber da nicht zu viel hineininterpretieren sollte, denn schließlich heiße sie nicht Emma, wie die Protagonistin Flauberts, und sei mit Sicherheit auch nicht selbstmordgefährdet.

Man findet frische hausgemachte Pasta, libanesische Mezze und Tapas für den kleinen Appetit auf der Karte. Es sind täglich wechselnde Gerichte, die Lily die kulinarischen Wünsche des Augenblicks nennt. Überall finden sich Bücher, und jeder darf sich eins mitnehmen, wenn er dafür ein anderes hinstellt. Mittlerweile hat die Mundpropaganda das »Café Bovary« so bekannt gemacht, dass die Lesungen, die Treffen mit Schriftstellern, die Poetry-Slam-Nächte und die philosophischen Roundtables sehr gut besucht sind. Bei den mit jazzigen Live-Sounds untermalten Gesprächsabenden oder dem hippen »Kaffee-Theater« ist kaum mehr ein freier Sitzplatz zu finden.

Adresse 1, Rue de Laroche, 1918 Luxemburg | **ÖPNV** Bus 10, 11, 23, Haltestelle Eecher Plaz | **Öffnungszeiten** täglich 10.30 – 14.30 und 17 – 23 Uhr | **Tipp** Wer nach dem Besuch des Literaturcafés im Bett weiterlesen möchte, dem sei die »Hostellerie du Grunewald« empfohlen, ein ruhiges, hübsches Hotel, nur 5 Autominuten entfernt (10 – 14, Route d'Echternach).

18 Casa Fabiana

Wildblumen mit Swing und Bossa Nova

Dort, wo früher im Bahnhofsviertel das Victory-Kino stand, hat die ehemalige grüne Gemeinderätin Fabiana Bartolozzi sich einen lang gehegten Traum erfüllt. Sie wollte ein Restaurant eröffnen, das originelle und natürliche Speisen in Bioqualität anbietet. Ein Ort für Vegetarier und Veganer sollte es werden, aber eben nicht ausschließlich. Auch typisch luxemburgische Gerichte sollten gelegentlich auf den Teller, wie *Feierstengszalot*, ein traditioneller Rindfleischsalat mit Cornichons und Schalotten. Wenn aber schon Fleisch, dann bitte von lokaler Herkunft und bio.

Die lange Wunschliste wurde von ihrem Sohn Sam inspiriert, der im Rahmen seiner Masterarbeit eine kleine Marktstudie über die Wünsche und Essgewohnheiten der Menschen zur Mittagspause durchgeführt hatte.

Praktisch umgesetzt wurde die Wunschliste mit Chefkoch Sébastien Bert, der in seiner Küche sehr gern natürliche Produkte verwendet. Bereits mit seinen Großeltern hat er auf Spaziergängen Pilze, Waldbeeren und Wildblumen gesammelt. Wenn die Saison es zulässt, findet man in der »Casa Fabiana« darum farbenfrohe Gemälde auf dem Teller. Zu den Salaten oder als Beilage gibt es dann Ringelblumen, Zitronenmelisse oder wilden Thymian. Honigsüßer Löwenzahn passt wunderbar zu einem Obstsalat, und anstatt mit Pfeffer lässt sich einfach durch Kapuzinerkresse eine angenehme Schärfe ins Gericht bringen.

Morgens und mittags serviert Fabiana frisch zubereitete Säfte. In diese Vitaminspender kommen neben Äpfeln, Birnen, Orangen, Rauke oder Roter Bete Gewürze wie Koriander oder frischer Ingwer. Die Nachfrage nach biologischen Lebensmitteln steigt rasant, sagt die Chefin und empfiehlt, sich abends einmal in ihrem Restaurant die Zeit zu nehmen, um Fischgerichte und Fleisch vom Angusrind sowie Huhn zu genießen und ab und an auch eine Prise Blues, Swing und Bossa Nova.

Adresse 3, Rue de Bonnevoie, 1260 Luxemburg | **ÖPNV** Bus 2, 10, 11, 13, 14, 18, 21, 22, 23, 28, 31, Haltestelle Gare oder Place de Paris, von dort jeweils 5 Minuten Fußweg | **Öffnungszeiten** Mo–Fr 10–17 Uhr, Fr auch 19–22 Uhr, Sa 10–16 Uhr | **Tipp** Gleich um die Ecke, in der Rue Bender 1, findet man, immer der Nase nach, schnell die »Cave à Fromages«. Die ideale Höhle, um besondere Käsesorten und Weine zu entdecken.

19 Das Chocolate House

Hot Chili ist gut fürs Kennenlernen

Wie wäre es, an einem warmen Frühlings- oder Sommertag einmal gegenüber dem Großherzoglichen Palais auf der Terrasse in einem Blumenmeer und in Schokoladenträumen zu versinken? Die Blumen stammen von Nathalie Bonn und die Schokolade natürlich auch. Den Vergleich mit der belgischen Pralinenkonkurrenz in der Stadt muss Nathalie Bonn nicht fürchten, weil ihr immer wieder neue Kreationen einfallen. So gibt es ihren berühmten Schokoladenlöffel, den man in heiße Milch taucht, nicht nur mit Praline-Nougat- und Brownie-Geschmack, sondern ebenso in exotischen Sorten wie Matcha-Tee oder Wasabi. Dank ihrer Leidenschaft fürs Entdecken und Reisen haben inzwischen auch arabische Rezepturen und Aromen Einzug in ihren Schokoladen gehalten.

Für Kinder bietet das »Chocolate House« Geschmackstraining und Kurse zum Herstellen von Schokolade an. Doch Nathalie Bonn lässt mit ihren süßen Künsten nicht nur Kinderaugen leuchten. Als offizielle Hoflieferantin der großherzoglichen Familie bringt die Schokoladenzauberin auch adlige Augen zum Strahlen. Es sei ein Privileg, einen Laden auf der anderen Seite des Großherzoglichen Palais zu haben, sagt sie. Während die Palastwache gegenüber patrouilliert, begegnen sich die unterschiedlichsten Menschen im alten Gemäuer aus dem 15. Jahrhundert. Frauen im Chanel-Kostüm treffen auf Kabelverleger, die mal eben auf eine heiße Schokolade ins »Chocolate House« kommen. Schokolade, so ist von Nathalie Bonn zu erfahren, könne unter Beimischung ausgewählter Zutaten auch als Aphrodisiakum wirken. Hot Chili sei als Ingredienz besonders gut geeignet. Von einigen der Paare, die sich im »Chocolate House« kennengelernt haben, hängen Fotos und Grüße an der Wand. An Menschen, denen es nicht so gut geht, verschenkt Nathalie gelegentlich Pralinen, schmunzelt und gibt klar zu verstehen, auf welche Weise Luxemburg sich von seiner besten, also süßen Seite zeigen kann.

Adresse 20, Rue du Marché-aux-Herbes, 1728 Luxemburg | **ÖPNV** Bus 1, 2, 4, 7, 9, 10, 11, 13, 14, 18, 21, 22, 23, 28, Haltestelle Hamilius, von dort 10 Minuten Fußweg | **Öffnungszeiten** täglich 8–20 Uhr | **Tipp** Die Stadtresidenz des Großherzogs hat eine der schönsten Fassaden der Stadt im Stil der flämischen Renaissance. Geführte Besichtigungen durch den Palast gibt es von Mitte Juli bis Ende August. Auskunft erteilt das Luxembourg City Tourist Office (30, Place Guillaume II).

20 Die Cinémathèque

Das verrückte Lichtspielhaus

Bis heute behaupten die Australier, ihre Kängurus könnten nicht rückwärts hüpfen. Dabei wurde der Beweis schon 1896 im Berliner »Wintergarten« erbracht. Der Ort: ein Lichtspielhaus. Das Medium: der erste Film der Geschichte! Ein boxendes Känguru hüpfte damals über die Leinwand, seine Sprünge und Schläge wurden rhythmisch von Klaviermusik begleitet. Oh ja, sie hüpfen rückwärts, die Kängurus, und, oh ja, es gibt sie noch, diese verrückten Lichtspielhäuser, in denen nach alter Manier zum Stummfilm Geräuschemacher auftreten, die Donner und Pistolenschüsse nachmachen können. Die Cinémathèque ist so ein magischer Ort, an dem verrückte Dinge geschehen dürfen.

Genau so nennt sich denn auch eine Reihe in der Cinémathèque: Crazy Cinématographe. Hier kann man alte Filme von 1895 bis zum Jahr 1914 als das erleben, was sie damals waren: ein sinnliches Kino der Attraktionen mit visuellen Tricks und musikalischer Begleitung.

Filmliebhabern wird an diesem Ort so einiges geboten, was den Rahmen eines normalen Kinoprogramms bei Weitem sprengt. So kam das Publikum im Rahmen einer »Cinélunatique-Trashfilm-Nacht« in den Genuss einer Live-Animation mit Kettensäge und Operationstisch. Oder die Cinémathèque verwandelt sich in einen Raum, in dem leibhaftige kanadische Inuit den Stummfilm-Dokumentarklassiker »Nanuk, der Eskimo« mit kehligen Obertongesängen begleiten. Manchmal stehen die Menschen sogar Schlange, wie für die »Université Populaire du Cinéma«, eine Volksuniversität des Kinos, bei der Laien wie Filmkenner gleichermaßen cineastische Kultur studieren können.

Die Cinémathèque wurde von Fred Junck, einem Freund von François Truffaut, gegründet. Sie konserviert und rettet auch seltene Filme. In einem Archiv lagern über 14.000 Filmkopien. Das sind rund 35 Millionen Meter Film, sorgsam aufbewahrt in Regalen, die sich auf einer Länge von 5,4 Kilometern aneinanderreihen.

Adresse 17, Place du Théâtre, 2613 Luxemburg | **ÖPNV** Bus 9, 10, 11, 12, 14, 19, 20, Haltestelle Badanstalt | **Öffnungszeiten** Vorstellungen Mo–Fr 20.30 Uhr, Sa 19 und 21.30 Uhr, So 15, 17 und 20.30 Uhr (Kasse ab 20 Uhr geöffnet) | **Tipp** Auf dem Theaterplatz spielt und tanzt eine bronzene Gruppe der Künstlerin Benedicte Weis. Das Kunstwerk heißt »Saltimbanques« (Gaukler).

21 — Die City Clock

Eine Uhr aus Licht

»Du hast die Uhr, aber ich habe die Zeit«, lautet ein marokkanisches Sprichwort. Auch in Luxemburg geht's um Uhr und Zeit in dem Sinne, dass man sich Letztere nehmen sollte, um die öffentliche Uhr der Künstlerin Trixi Weis richtig lesen zu können. Die Stunden werden unten in römischen Ziffern angezeigt, und jedes der bunten Quadrate entspricht fünf Minuten. Auf der gegenüberliegenden Seite ist es also 10.55 beziehungsweise 22.55 Uhr. Die unorthodoxe Zeitmessung in Fünf-Minuten-Schritten verweist auf das Selbstverständnis der Künstlerin. Es geht Trixi Weis nicht um Pünktlichkeit und Exaktheit, sondern darum, einmal alle Fünfe gerade sein zu lassen und sich in der Hektik des Alltags eine Atempause zu gönnen.

Die Idee zu der modernen öffentlichen Uhr kam Trixi Weis, als ab 2015 immer mehr der kleinen schwarz-weißen Uhren aus dem Stadtbild verschwanden. Auf dem Kirchberg gab es damals keine öffentliche Uhr. Da auch dem tristen Beton ein klein wenig Farbe guttun würde, verknüpfte die Künstlerin, die schon seit geraumer Zeit mit LEDs und Lichtinstallationen arbeitet, das Angenehme mit dem Nützlichen.

Für die Stadt-Luxemburger spielten die Uhren im öffentlichen Raum seit Jahrhunderten eine bedeutende Rolle. Als der zeitliche Taktgeber schlechthin galt viele Jahre lang die Uhr am Place d'Armes. Nach der preußischen Exaktheit dieses Zeitmessers richtete sich eine ganze Stadt. Heute gibt es nur noch wenige Uhren, die dem Städter anzeigen, was die Stunde geschlagen hat, wie die Uhr der Fondation Pescatore, die zur vollen Stunde sogar eine Melodie vorspielt.

Der Puls der Stadt Luxemburg schlägt schnell. Kein Wunder, dass jemand wie Trixi Weis uns mit ihrer Kunst sagt: Gönn dir einen tiefen Atemzug und genieße den Augenblick oder die Farben. Gerade an der viel befahrenen Avenue John F. Kennedy tut eine kleine Auszeit gut und wärmt der bunte Lichtblick die graue Seele des Betons.

Adresse 21a, Avenue John F. Kennedy, 1855 Luxemburg | **ÖPNV** Tram 1, Haltestelle Coque | **Tipp** Die Uhr befindet sich am Eingang des Radiosenders »100,7«. Dieser Sender informiert umfassend über das Tagesgeschehen und widmet sich von 11 bis 12 Uhr kulturellen Themen in Luxemburg. Auch eine gute Gelegenheit, sich einmal etwas in die Landessprache hineinzuhören.

22 Die Coque

Ein Stück Finnland neben der Jakobsmuschel

»Schwimmen verboten« und »Schwimmen erlaubt« liegen manchmal ganz dicht beisammen. Am hübschen See im Parc Central weisen Schilder darauf hin, dass dort sowohl das Schwimmen als auch das Angeln und Eislaufen verboten sind. Im Olympischen Schwimmbad, gleich daneben, ist Schwimmen natürlich erwünscht. Der offizielle Name des mit Abstand größten Sportzentrums des Großherzogtums lautet »Centre National Sportif et Culturel« (CNSC). Aber so nennt es niemand. Für die Luxemburger heißt es schlicht »Coque« (frz. Muschel) – wegen der Schalenform der aus Spannbeton-Segeln bestehenden Dachkonstruktion. Geschaffen wurde sie von dem Architekten Roger Taillibert, Mitglied der französischen »Académie des Beaux-Arts«, der auch für den Umbau des Prinzenparkstadiums in Paris und die Errichtung des Olympischen Stadions in Montreal verantwortlich ist.

Was die Coque für dieses Buch zu einem einzigartigen Ort macht, sind zwei Besonderheiten im »Centre de Détente«. Denn als nationales Sport- und Kulturzentrum beherbergt sie unter ihren riesigen Dächern nicht nur eine Kletterwand mit über 50 verschiedenen Routen, eine 4.000 Zuschauer fassende Arena samt darüberschwebendem Multimedia-Cube, Sporthallen und ein »Centre Aquatique«.

Für Freunde der Erholungskunde ist die Hauptattraktion das »Centre de Détente«, das Zentrum für Entspannung. Ein Geheimtipp in Luxemburg und darüber hinaus, denn die erste Besonderheit ist eine mit Buchenholz befeuerte, 35 Quadratmeter große Außensauna, die man höchst komfortabel über einen beheizten Fußweg erreicht. Nach finnischem Vorbild werden hier auch Aufgüsse mit Birkenblättern gemacht. Ebenfalls warmen Fußes gelangt man zum holzfeuergeheizten Ruheraum und der zweiten Erholungsattraktion des Geländes, einer Schneekabine! Der einzige Ort der Stadt, an dem man sich, auch im Sommer, mit Schnee einreiben und so die Hautdurchblutung anregen kann.

Adresse 2, Rue Léon Hengen, 2167 Luxemburg | **ÖPNV** Tram 1, Haltestelle Coque | **Tipp**
An der Tram-Haltestelle MUDAM sind zwei interessante Außenkunstwerke zu sehen, die
immer wieder zu kontroversen Diskussionen führen und auch schon gestohlen wurden:
»Just Falling« von Gaston Damag und »Trophy« von Wim Delvoye.

23 — Die Corniche

Panoramablick mit kleinen Einschränkungen
für die Anwohner

Die Corniche ist der schönste Balkon Europas. Dieses Kompliment, das von Victor Hugo stammt, wird der Weg mit der spektakulären Aussicht so schnell nicht mehr los. Der Besuch dieser von Spaniern errichteten und von Franzosen im 17. Jahrhundert ausgebauten Wallmauer gehört zweifelsohne zu den Höhepunkten eines Stadtbesuchs. Auch Staatsgäste werden gern hier entlanggeführt. Kein Wunder, der Blick hinab ins Tal der Alzette sowie das Weitblick-Panorama hinüber zum Kirchberg und Rham-Plateau sind spektakulär.

Früher, als die Corniche bei den Luxemburgern noch *Um Rempart* oder *Chemin du rempart* hieß, also »Auf dem Festungswall«, befanden sich hier steile Treppen hinunter ins Tal und ein Refugium des Klosters Orval, das später zum Konservatorium für Musik wurde. Es gab offene Fenster, aus denen Geigen- oder Pianoklänge ins Tal hinabschwebten, und mit Schießscharten versehene Schutzmauern. Über dem Durchgang im Tal, der sogenannten Grundpforte, sind einige der alten Zinnen noch heute sichtbar.

Die gute Aussicht auf die Alzette, die Abtei Neumünster, die alte Handschuhfabrik im Stadtteil Grund und das Rham-Plateau genießen die Besucher, seit die hohe Brustwehr mit den Schießscharten entfernt wurde. Allerdings gab es durch den Festungsbauer Vauban 1685 eine Erhöhung der Corniche, die zulasten der Anwohner ging. Heute kann man die Ausmaße dieser »Straßenerhöhung« gut nachvollziehen, wenn man auf der Häuserseite in die tiefen Fensterschächte hinabschaut.

Zumindest in den oberen Etagen ist den Anwohnern der phantastische Blick erhalten geblieben. Abends, wenn die Touristenmassen verschwunden sind, genießen sie die Ruhe. Eine Empfehlung: Besuchen Sie die Corniche an einem Festtag wie der »Fête de la Musique«, an dem es hier eine eigene Bühne gibt. Denn auch Feuerwerke lassen sich vom schönsten Balkon der Stadt aus bestens betrachten.

Adresse Chemin de la Corniche, 2536 Luxemburg | **ÖPNV** Bus 9, 14, 20, Haltestelle Um Bock / Casemates | **Tipp** Ein anderer interessanter *Chemin du rempart*, also Festungswall-weg, führt durch ein Tor, das sich *Schéieschlach* nennt. Das Tor und den anschließenden schönen Blick ins Tal findet man in der Rue Wiltheim am Fischmarkt, neben der Weinbar »Vinoteca«.

24 Das doppelte Fort Thüngen
Die Kraft der drei Eicheln

Zum Fort Thüngen mit seinen drei mächtigen Rundtürmen gehört seit 2012 auch das im Reduit, dem verstärkten Verteidigungsbau, untergebrachte Festungsmuseum Dräi Eechelen. Vor dem Museum verschafft ein Bronzerelief, auf dem das Fort vor der Schleifung der Festung in seinem Zustand vor 1860 dargestellt ist, Besuchern einen Überblick über die historische Anlage. Auch Sehbehinderte können mit diesem Bildwerk Geschichte tastend erkunden, wie das neuartige Baukonzept des Festungsingenieurs Simon von Beauffe, der das Fort in Pfeilform errichtete.

Was man auf dem Bronzerelief freilich nicht sehen und nicht ertasten kann, sind die drei vergoldeten Eicheln auf den Dachspitzen der Türme. Diese waren zu jener Zeit noch nicht angebracht. Wie nicht schwer zu erraten, verdankt das Museum Dräi Eechelen den glänzenden Eicheln seinen Namen. Die Eiche galt schon lange vor der Romantik als Symbol der Standhaftigkeit, weshalb man ihre Früchte auserkoren hat, die Rundtürme des Forts zu krönen. Die Zahl Drei spielt bei diesem Bauwerk eine besondere Rolle, denn es wurde im Laufe der Geschichte von drei Nationen verstärkt und erweitert. Zuerst von den Franzosen, dann von den Österreichern, die die Festung von den Franzosen und ihrem Bauherrn Vauban übernahmen, und schließlich von den Preußen.

Die Preußen erweiterten das Fort 1836 und verstärkten es 1860 erneut. Sie entfernten eine umlaufende Galerie, die von den Österreichern errichtet worden war, und versahen das Gemäuer mit Kanonenscharten für 16 Geschütze. Die drei Türme wurden aufgestockt, und der mittlere Turm erhielt eine Treppe. Ein riesiger Holzkran diente zum Hochhieven der schweren Kanonen aufs Dach, das genügend Platz für die Geschütze bot.

Und es waren ebenfalls die preußischen Bauherren, die die drei goldenen Eicheln, Symbol für Beständigkeit, Ausdauer und Kraft, als weithin sichtbares Zeichen auf die Dachspitzen setzten.

Adresse 5, Park Dräi Eechelen, 1499 Luxemburg | **ÖPNV** Tram 1, Haltestelle Philharmonie-Mudam | **Öffnungszeiten** täglich 10–18 Uhr, Mi 10–20 Uhr, Mo geschlossen | **Tipp** Vom vorderen Teil der großen Wiese vor dem Fort hat man eine phantastische Sicht auf die Stadt. Ein Pfad durch den Wald führt hinunter in die Stadtteile Clausen und Pfaffenthal.

25 Die drei Jungfrauen auf dem Esel

Alte Kultstätte der Naturgöttinnen

Die kleine Straßenkapelle, die sich oberhalb der Quirinuskapelle befindet, wird sowohl von Luxemburgern als auch von ausländischen Besuchern kaum beachtet. Wahrscheinlich liegt das am engmaschigen Drahtgitter, das die freie Sicht auf das interessante Innere verbirgt. Man muss schon nahe genug herantreten, um das geheimnisvolle Kunstwerk zu erkennen. Die drei Jungfrauen, die hier auf einem Esel zu sehen sind, werden in Luxemburg *Trois Vierges* oder die *Dräi Jofferen* genannt. Während der Französischen Revolution bezeichnete man sie kurzerhand als »Liberté, Égalité und Fraternité«.

Vergessen ist die ursprüngliche Gestalt der aus keltischer Zeit stammenden drei Schutzmatroninnen. Aus dem Wort Schutzmatronin wurde im Laufe der Jahrhunderte die Schutzpatronin. Im Zuge der Christianisierung erhielten die drei Jungfrauen auf dem Esel in der Eifel, in Auw an der Kyll, die Namen Irmina, Adela und Chlotildis. In der Pfalz wurden sie als Embede, Warbede und Willebede bekannt. Hinter diesen Namen verbergen sich Ambeth, Borbeth und Wilbeth, die aus keltisch-germanischer Zeit stammende Triade der Erd-, Mond- und Sonnengöttin. Die kleine christliche Kapelle steht unweit einer Stelle, an der sich ursprünglich eine Kultstätte befand. Ein schon in keltischer Zeit heiliger Ort, an dem die drei Matronen oder Bethen später auch von den Galliern verehrt wurden.

Die zwei äußeren Jungfrauen auf dem Esel verkörpern die aktive Kraft (Sonne) sowie die passive Kraft (Mond). Die mit einer Augenbinde dargestellte, in der Mitte sitzende Erdgöttin steht für die versöhnende und heilende Kraft der Erde und ihrer Gewässer. Sprachlich leitet sich von den drei Bethen übrigens das deutsche Wort Bett ab, denn die Menschen schliefen ursprünglich auf dem Boden der Mutter Erde. Auch das Wort Beten leitet sich hiervon ab und bedeutete ursprünglich »die Göttin anrufen«.

Adresse Die kleine Kapelle befindet sich auf halber Höhe der Montée de la Petrusse. Die Originalstatue befindet sich im Fundus des MNHA (Musée National d'Histoire et d'Art). | **ÖPNV** Bus 23, Haltestelle Stadgronn, Bréck, von dort 10 Minuten Fußweg | **Tipp** Interessanterweise stand unweit des Zusammenflusses der Alzette und der Petruss einst auch die Göttin Trivia (Dreiwege). Und drei, übrigens annähernd parallele Wege gibt es hier heute noch, einen flachen, einen steilen und einen sehr steilen. Der flache Weg namens Rue Saint Quirin führt ins schöne Flusstal und zur Quirinuskapelle (siehe Ort 89).

26 Die ehemalige Mohrenapotheke

Die schönsten Keramiken der Stadt

Arabische Ärzte genossen im Europa des 13. Jahrhunderts den Ruf, die fortschrittlichsten Mediziner zu sein. Bereits vor dieser Zeit brachten die Araber ihre Kenntnisse in der Heilkunst über Spanien bis nach Mittel- und Westeuropa. Die vor allem auf die klösterliche Kräuterheilkunde angewiesenen Apotheker jener Zeit verwendeten die Bezeichnung Mauren für die Araber mit dem größten Respekt. So zählten beispielsweise maurische Mediziner, die im spanischen Cordoba tätig waren, vor allem in den Bereichen Anatomie, Botanik, Diätetik und Chirurgie zu den Koryphäen ihres Fachs. Kein Wunder, dass sich viele Apotheken zu jener Zeit den Ehrentitel »Mohrenapotheke« zulegten. Wobei sich Mohr vom Wort Maure ableitet, mit dem ursprünglich ein dunkelhäutiger Bewohner Mauretaniens bezeichnet wurde. Erst später fand er für jeden Menschen mit dunkler Hautfarbe Verwendung.

Laut dem Forscher und Apotheker Édouard Alfred Nimax gab es in Luxemburg bereits im Jahr 1682 eine Apotheke mit dem Namen »Zum Mohren«. Sie befand sich in der Groussgaass und gilt als Vorgängerin der über 200 Jahre existierenden Mohrenapotheke.

Die beiden sehenswerten Keramiken am Eingang wurden als Auftragsarbeit von dem Künstler Léon Nosbusch geschaffen. Als schützenswerte Objekte wurden sie 2009 ins Inventar der klassischen Monumente der Stadt Luxemburg aufgenommen.

Natürlich hatte die einstige Apotheke im mehrsprachigen Luxemburg viele Namen. Sie hieß sowohl *D'Mouerenapdikt* als auch *Mohren-Apotheke* oder *Pharmacie des Nègres*. Über den tatsächlichen Ursprung des Namens herrscht keine vollständige Klarheit. Erstaunlicherweise gab es 1638 einen Apotheker und Arzt, der in zeitgenössischen Dokumenten im Zusammenhang mit der Mohrenapotheke unter anderem mit dem Namen »Afficanus Apothecquer« aufgeführt wird und mit einer Frau namens Cäcilia Mohr (frz. Moreau) verheiratet war.

Adresse 8, Grand Rue, 1660 Luxemburg | **ÖPNV** Bus 9, 20, Haltestelle Um Bock/
Casemates, von dort 5 Minuten Fußweg | **Tipp** In der ehemaligen Mohrenapotheke befindet
sich heute ein Geschäft für Dessouswaren namens »Hunkemöller«. Die nächste Apotheke,
bei Bedarf, liegt 3 Gehminuten entfernt in der Grand Rue 32 (Pharmacie Goedert).

27 Ënnert de Steiler

Eines der ältesten Häuser der Stadt

Wer vom Bockfelsen aus die steile Rue Sigefroi hochgeht, sieht an der Ecke zur Rue de la Loge ein markantes Haus mit einem von vier Säulen getragenen Vorbau, der einen balustradengesäumten Balkon trägt. Man kann dieses Gebäude auch von anderen Straßen und Gässlein aus erreichen, denn es steht am historischen Marktplatz von Luxemburg, dem Marché-aux-Poissons (Fischmarkt oder auf Luxemburgisch *Fëschmaart*).

Aber die Annäherung vom Tal aus lässt noch heute erahnen, wie mühsam es für all die Wasserträger, Gerber, Wäscherinnen, Fuhrleute, Tuch- und Wollweber gewesen sein muss, hier heraufzukommen. Für das Feilbieten der Waren auf dem Markt wurde eine Standmiete erhoben. Es gab eine Getreidehalle, Salzstapel, Hallen für die Gemüsehändler, neben dem Turm der St.-Michaelskirche auch eine Tuchhalle und eine Fleischergasse. In der Nähe der sogenannten Höllenpforte *(Hellepuert)*, dort, wo die Händler ihre Waren anboten, war es meist eng und schlammig. In der harten Zeit um 1443 bewohnte ein tapferer Stadtrat namens Jean Chalop dieses Haus, das in den damaligen Annalen als *Stijl* oder *Ennert de Steiler* verzeichnet ist.

Das Eckhaus hatte vor dem Jahr 1691 noch keine der vier Arkadensäulen, denen es seinen heutigen Namen *Ënnert de Stäiler* (Unter den Säulen) verdankt. Der Name Höllenpforte, der einen Tordurchgang bezeichnet, deutet bereits an, was sich hier auf dem Marktplatz vom 13. bis ins 19. Jahrhundert zugetragen hat. Vor dem Haus stand über 600 Jahre lang ein Pranger. Die Luxemburger nannten ihn *Stillchen*, also kleinen Stuhl. Wer hier, oft über Tage, dem öffentlichen Spott, den Schlägen oder gar der Folter ausgesetzt war, hatte oft auch bereits sein Hab und Gut verloren, auf demselben Platz bei Zwangsversteigerungen veräußert. Es fanden auch Hinrichtungen hier statt, der Henker und der Scharfrichter wohnten gleich in der Nähe des Marktes.

Adresse 2, Rue de la Loge, 1945 Luxemburg | ÖPNV Bus 9, 14, Haltestelle Um Bock/
Casemates, von dort 3 Minuten Fußweg | Tipp Im beschriebenen Haus befindet sich heute
ein Restaurant-Café mit dem Namen »Ënnert de Steiler«. Neben einem kühlen Bier kann
man hier auch ausgezeichnete Burger und Pommes genießen.

28 — Die Eule

Weltklasse-Graffito im alten Schlachthaus

Das Motto des niederländischen Künstlers Klaas Lageweg lautet »Paint keeps me going«. Die Kunst, die er hinterlässt, soll vor allem eins: gute Laune machen. In seiner Heimatstadt Groningen wird Lageweg gefeiert als derjenige, der Städte durch Mural Art verschönert. Seine zerzausten kunterbunten Marabus und Eulen findet man vielerorts in Europa. Vor allem seine Eulen machen Furore. Es gibt Graffiti, auf denen die Eule als Spaceowl im Astronautenanzug auf den staubigen Boden eines Industriehofes starrt, als handele es sich um die Oberfläche des Mondes. Die Eule, die Klaas Lageweg an einem 33 Grad heißen Augusttag 2017 im alten Schlachthaus im Stadtteil Hollerich an den Sockel eines Turms gesprayt und gebürstet hat, träumt allerdings nicht von weiten Reisen. Sie hat vielmehr eine Nachricht zu überbringen.

Völlig in sich ruhend, hat der pfiffige Vogel seinen Ort im grünen Buchstabendschungel gefunden. Die bereits vorhandene Darstellung eines hoch über der Eule schwebenden Briefes brachte Lageweg auf den Titel für sein Kunstwerk: »The Message«. Es war wohl eine der letzten Freiflächen, die er auf dem weitläufigen Gelände des schon seit Jahrzehnten leer stehenden Gebäudes entdeckt hat. Alle anderen Wände des früheren Schlachthauses, das seit Längerem als Treffpunkt der Luxemburger Graffiti- und Skaterszene gilt, waren bereits vollständig mit Kunst gefüllt.

Wer die Eule von Klaas Lageweg finden will, durchschreitet vorher die Phantasmagorien düsterster Visionen. In den Gängen des Schlachthauses wird man, hoch oben, von einem bebrillten, riesigen orwellschen Augenpaar beobachtet. Aus der schwarzen Fläche einer Wand funkeln die wilden Augen lauernder Raubtiere. Man geht durch eine Welt kraftvoller Chiffren und kommt dann, ganz am Ende des Rundgangs, zu dieser weisen, kecken Eule. Wie eine verschmitzte Metapher erwartet einen der Vogel am Ende der Graffiti-Odyssee.

Adresse Rue de l'Abattoir, 1111 Luxemburg | **ÖPNV** Bus 15, Haltestelle Schluechthaus | **Tipp** Auf dem Gelände des Schlachthauses (Schluechthaus) gibt es auch einen Skatepark mit einem BMX-Parcours, der täglich von 11 bis 18 Uhr und Di, Do und Sa sogar bis 22 Uhr geöffnet ist.

29 __ Die Europabäume
Die blühende Zukunft des Place de l'Europe

Als die Europäische Union 2012 den Friedensnobelpreis erhielt, sollte die Auszeichnung auch als Mutmacher dienen. Ein weiteres Sinnbild der europäischen Euphorie sind die 28 Ahornblättrigen Platanen, die auf dem Place de l'Europe, gleich hinter der Philharmonie, gepflanzt wurden. Die in Reih und Glied stehenden Europabäume repräsentieren jeweils ein Mitglied der EU. Vor jedem Baum weist eine steinerne Bodenplatte den Namen des Landes und sein Beitrittsjahr aus.

Im Sommer 2017 hatte der britische *Platanus acerifolia* kurzfristig Luxemburgs kleinsten Friedhof zu Gast. Ein kleines Kreuz mit der Botschaft »Ruhe in Frieden, Brexit« befand sich unten vor dem Baumstamm. Die spontan errichtete Gedenkstätte verschwand allerdings nach wenigen Monaten wieder.

Die Europabäume, die ebenso wie andere Pflanzen auf dem Platz unter dem Autoverkehr, der massiven Bodenversiegelung und dem Klimawandel leiden, sind als Ersatz für die über 130 Jahre alten Kiefern und anderen Bäume gepflanzt worden, die zwischen dem MUDAM und der Philharmonie standen und gefällt wurden.

Mittlerweile ist der einflussreiche dänische Stadtplaner Jan Gehl in die Umgestaltung des Europaplatzes involviert. Die Fragen sind immer die gleichen: Wie bringen wir mehr Leben auf den Europaplatz, und werden die Platanen erhalten bleiben? Gehl macht Hoffnung. Sein Tenor, der bereits Kopenhagen zu einer der lebenswertesten Städte Europas gemacht hat: Der Stadtraum muss mit der Geschwindigkeit eines Fußgängers oder Radfahrers erlebt werden können. Stadträume müssen blühen. Nur so kann man Städte für Menschen gestalten. Wenn es gelingt, den Place de l'Europe zu einem lebendigen Ort der Begegnung zu machen, an dem sich die Menschen wohlfühlen, steigt zugleich die Lebensqualität des Kirchbergs. Was könnte es Schöneres, auch als Symbol für Europa, geben als gesunde, kräftige Bäume, unter denen sich Menschen begegnen.

Adresse 1, Place de l'Europe, 1499 Luxemburg | **ÖPNV** Tram 1, Haltestelle Philharmonie-Mudam | **Tipp** Natürlich ist die Philharmonie mit ihren 823 weißen Säulen selbst ein äußerst sehens- und hörenswerter Ort. Das von außen so spektakuläre Hauptgebäude hat als Grundriss die Form eines Auges, und der Kammermusiksaal ist muschelförmig angelegt. Die synfonische Konzertorgel besitzt 6.441 Pfeifen.

30 Exchange

Überraschung in Richard Serras stählernem Kartenspiel

Am östlichsten Rande des Kirchberg-Plateaus, am Eintrittstor zur Stadt, heißt einen Luxemburg mit sieben Stahlplatten gigantischen Ausmaßes willkommen. Der Künstler Richard Serra schuf damit, nach eigenen Angaben, sein weltweit höchstes Kunstwerk. 37,5 Tonnen wiegt jede einzelne der 20,20 Meter hohen Platten. Serra meint, es sei äußerst schwierig, noch größere Stahlplatten herzustellen. Und der Mann weiß, wovon er spricht. Schließlich arbeitete er als junger Mann selbst in einem Stahlwerk in San Francisco, um sein Studium zu finanzieren.

Der Stahl als Material spielt für Serra eine zentrale Rolle. Er orientiert sich in seinem Schaffen an Architekten wie Gustave Eiffel und Mies van der Rohe. Für seine Stahlskulptur »Exchange« glaubte Serra, der Luxemburger Stahlkonzern ARBED könne ihm die nötigen Stahlplatten liefern. Doch die ARBED fertigt in ihren Hüttenwerken nur Stahlträger an. Daher bezog er die Platten aus der Dillinger Hütte im Saarland.

Serra betont, das Stahlmonument kündige die Stadt, wie ein Campanile, bereits von Weitem an. Die Idee zum Werk entstand, als er an ein Kartenspiel dachte, bei dem die Karten durch die Luft fliegen. Statisch geprüft und ästhetisch entwickelt wurde es mit vier Modellen in einem Sandkasten. Die tief in der Erde versenkte Skulptur, deren Einzelteile verschweißt sind, soll nach Serras Wunsch betreten werden. Nur so könne man die Kraft des monumentalen Werks erleben.

Man sagte mir, man würde beim Betreten der Stahlskulptur ein quadratisches Stück Himmel sehen. Da Serra sein Kunstwerk inmitten eines stark befahrenen Kreisverkehrs platzierte, ist der von ihm gewünschte Besuch des Objekts nicht ganz einfach. Tritt man zwischen die stählernen Platten in den Innenraum, sieht man überraschenderweise nicht *ein* perfektes Quadrat, sondern einen zweiten Raum mit einem zweiten Himmelsquadrat derselben Größe.

Adresse Kreisverkehr, Avenue John F. Kennedy, 1855 Luxemburg | **ÖPNV** Tram 1, Haltestelle Luxexpo | **Tipp** 5 Minuten Fußweg sind es vom Serra-Kunstwerk zur Messe Luxexpo am Circuit de la Foire Internationale. Hier finden unter anderem eine Vintage-, eine Frühjahrs- und eine Migrationsmesse statt.

31 Die Fahrradwerkstatt

Gemeinnützige Drahtesel

Aufgrund der großen Höhenunterschiede scheint das Zentrum der Stadt Luxemburg nicht gerade prädestiniert zu sein für ein Fortbewegungsmittel wie das Fahrrad. So war das zumindest früher. Doch mittlerweile hat sich viel zum Positiven verändert. Seit Längerem bereits konnten Radfahrer das flache Umland der Stadt nutzen, um nicht extrem in die Pedale steigen zu müssen.

So gibt es einen eigenen Fahrradweg in der Stadt Luxemburg, der sich PC 1 nennt und an vielen markanten Punkten vorbeiführt, wie am Kockelscheuer mit seinen idyllischen Weihern (siehe Ort 47, *D'Haus vun der Natur*), am Steilfelsen der Oberstadt oder an der Corniche (siehe Ort 24) mit ihrem atemberaubenden Blick hinab auf die Unterstädte im Flusstal. Um die zum Teil großen Höhenunterschiede zu überbrücken, gibt es neue Errungenschaften, auch für Radfahrer, wie den spektakulären Panoramalift (siehe Ort 80), die Standseilbahn (siehe Ort 100) und die Hängekonstruktion unter der Adolphebrücke.

Meine persönliche Empfehlung lautet: Lassen Sie die silber-blauen Räder der Verleihstationen links liegen und mieten Sie sich stattdessen ein Rad beim gemeinnützigen Verein »Vélo en Ville«, der Jugendliche unterstützt.

Die Fahrradwerkstatt befindet sich in unmittelbarer Nähe der Brücke im Stadtgrund. Das Gebäude selbst stammt, so steht es über dem Türbogen, aus dem Jahr 1685 und beherbergte früher einen Waschbrunnen. Das Konzept des Vereins: die Ausbildung von Jugendlichen und jungen Flüchtlingen, die alles in Eigenregie machen und sogar das Emblem der Werkstatt selbst entwickelt haben.

In der Fahrradwerkstatt erhalten die Kunden einen Rundumservice: Räder werden nicht nur verliehen, sondern auch repariert, außerdem gibt es Empfehlungen für die besten Radstrecken. Die schönste Tour, entlang der Alzette und hinauf zur Schläifmillen (siehe Ort 96), beginnt gleich vor dem Tor am Bisserweg.

Adresse 8, Bisserweg, 1238 Luxemburg | **ÖPNV** Bus 23, Haltestelle Stadgronn, Bréck | **Öffnungszeiten** Mo–Fr 8–12 und 13–20 Uhr, Sa, So 10–12 und 13–20 Uhr | **Tipp** Die »Velosophie« im Stadtteil Sàrl veranstaltet geführte Fahrradtouren durch die Stadt Luxemburg, aber auch ins Umland (144, Avenue de la Faïencerie, 1511 Luxemburg, Tel. +352/26200132).

32 — Die Festung Bambësch

Was man aus Holz alles bauen kann

Die Baumstämme, aus denen die Festung Bambësch gezimmert wurde, stammen aus nachhaltiger Forstwirtschaft. Darauf legt die Forstverwaltung großen Wert. Weniger bekannt als der Ressourcenschutz ist die Vorgeschichte des Ortes, an dem die hölzerne Burg steht. Denn dort, wo heute Kinder herumklettern, aus den Festungsfenstern schauen und Eroberer, Burgfräulein oder Schlossherr spielen, standen einst die Holzbaracken des Lungensanatoriums Baumbusch.

Das gehobene Bürgertum Luxemburgs verbrachte ausgangs des 19. Jahrhunderts die Winter gern im gemäßigten Klima an der französischen Riviera oder auf der Atlantikinsel Madeira. Gut situierte Lungenkranke begaben sich in die bekannten Schweizer Kurorte wie Arosa oder Davos. Armen Bürgern blieb dagegen im Krankheitsfall nichts anderes übrig, als sich in sogenannte Volksheilstätten einweisen zu lassen.

Da die Tuberkulose um 1910 die Ursache für ein Achtel aller Todesfälle war, verkaufte die Stadt Luxemburg der Invalidenversicherung ein Areal im Stadtwald Bambësch. Da kein Geld für ein schickes Sanatorium vorhanden war, begnügte man sich mit zwei aus Köln gelieferten Holzbaracken, die lange Zeit genau dort standen, wo sich heute der Spielplatz befindet.

Gleich daneben errichtete man eine offene Halle, in der sich die Lungenkranken der verordneten Liegekur unterzogen. Bei einer Kur dieser Art bestand die Medikation aus Ruhe, Sonnenstrahlen, gesunder Waldluft und viel Milch.

Nach dem Abriss der Baracken erwarb der Mühlenbacher Fußballverein »Blue Boys« das Gelände. Dann kaufte es die Stadt zurück. Kurz dachte man darüber nach, hier eine Cité Universitaire zu gründen, entschied sich aber glücklicherweise dafür, einen Freizeit-, Sport- und Spielplatz für jedermann zu errichten. Mit der schönen hölzernen Festung Bambësch, einer Seilbahn, Wasserspielen, einem Basketball- und einem Fußballplatz.

Adresse Spielplatz Bambësch, 8–12, Rue de Bridel, 1264 Luxemburg | **ÖPNV** Bus 21, Haltestelle Peiffeschbierg, von dort 10 Minuten Fußweg | **Tipp** Im Erholungsgebiet Bambësch kommen freilich auch Erwachsene auf ihre Kosten. Neben dem Spielplatz befindet sich ein Sportcenter mit Anlagen für Tennisspieler und Bogenschützen. Das große Waldgebiet lockt mit seinen Lauf- und Radwegen.

33 — Die Fondation J. P. Pescatore

Die schlossartige Seniorenresidenz

Die meisten Besucher, die vor dem schlossartigen Prachtbau der Fondation J. P. Pescatore stehen, sind ratlos. Ist das die Sommerresidenz des Großherzogs? Wenn dann das Glockenspiel, oben über der Kapelle, zur vollen Stunde seine Melodie in den Park schickt, sind viele überzeugt: Es muss sich hier um ein Residenzschloss handeln!

Die allseits bekannte Melodie trägt den Titel »*Lëtzebuerg de Lëtzebuerger*« (Luxemburg den Luxemburgern). Tatsächlich sind es fast ausschließlich Luxemburger, die hier wohnen. Aber es ist kein Schloss, sondern die älteste und sicherlich prächtigste Seniorenresidenz in der ganzen Stadt.

An den beiden Seitenflügeln des Gebäudes sind oben je ein Männer- und ein Frauenkopf zu sehen, die der Steinmetz des Großherzoglichen Palais, Robert Granella, geschaffen hat. Sie verweisen auf die ehemals getrennte Unterbringung von Männern und Frauen. In der Kapelle über dem Portal hat der amerikanische General und olympische Fünfkämpfer George S. Patton einst seine berühmte Rede gehalten. Eine eingezäunte Rosskastanie, die 1921 anlässlich der Geburt von Prinz Jean gepflanzt wurde, gedeiht prächtig im angrenzenden Park.

Die Residenz wird von einer Stiftung getragen, die auf das Testament des erfolgreichen Tabakhändlers Jean-Pierre Pescatore zurückgeht. Er hatte der Stadt 500.000 Goldfranken mit der Auflage vermacht, dieses Vermögen für eine wohltätige Einrichtung zu verwenden.

Laut Generaldirektor Patrick Vandenbosch gibt es weit über tausend Bewerbungen für einen Wohnplatz in der Residenz. Die Menschen, sagt er, möchten ein möglichst selbstbestimmtes Leben führen. Keine Seniorenresidenz hat eine bessere Anbindung an die City, und befragt man Bewohner, so lebt es sich im Pescatore eher wie in einem Hotel. Das Durchschnittsalter liegt übrigens bei stolzen 89,4 Jahren.

Adresse 13, Avenue Jean-Pierre Pescatore, 2324 Luxemburg | **ÖPNV** Bus 8, 12, 19, 20,
Haltestelle Fondation Pescatore | **Tipp** Wenn im Pescatore Park die beiden Hemisphären
des bronzenen Kunstwerks »Walking through Walls« von Jean-Bernard Métais in der
Sonne glänzen, laden sie dazu ein, das Kunstwerk zu betreten und die Welt durch die
8.000 Löcher der Skulptur zu betrachten.

34 Die Fünf Guten Geister

Die goldenen Lichtwächter am Großherzoglichen Palast

Der Lichtdesigner Ingo Maurer, der dafür bekannt ist, seine außergewöhnlichen Lampen von Hand fertigen zu lassen, kann eine einzelne Augenbraue hochziehen. Eine Kunst, die auch eine seiner fünf Lichtfiguren am Großherzoglichen Palast beherrscht. Das Werk, dem Maurer den Namen »Les Cinq Bon Esprits«, also »Die Fünf Guten Geister«, gab, besteht aus fünf bronzenen, schwarz patinierten Lichtskulpturen mit individuellen Masken. Die archaischen vergoldeten Gesichter, denen der Kopf eines ägyptischen Pharaos als Vorbild diente, erscheinen durch eine versteckte, tiefer liegende Lichtquelle dreidimensional. Ganz bewusst hat Maurer beim Design der Lampen, wie auch bei der Beleuchtung der Fassade und des Daches des Palastes, auf direktes, hartes Licht verzichtet.

Wer bei beginnender Dämmerung oder in der Nacht am Stadtschloss der großherzoglichen Familie am Krautmarkt vorbeigeht, wird sich vielleicht beobachtet fühlen. Denn die Augen der »Cinq Bons Esprits« sind stets auf den Fußgänger gerichtet, egal, aus welchem Winkel er sie betrachtet.

Dem Lichtpoeten Ingo Maurer ist so ein interessantes Spiel mit einem Negativrelief gelungen, das in Verbindung mit dem atmosphärischen Licht auch eine außergewöhnliche mimische Wirkung erhält. So ist deutlich ein guter Geist zu erkennen, der mit weit geöffneten Augen wachsam in die Zukunft schaut. Links daneben ein zweifelnder, nachdenklicher Geist, mit gerunzelter Stirn. Dann ein wohlwollender Geist mit einem zugedrückten Auge und nach oben gezogenem rechten Mundwinkel. Ein weiterer Geist mahnt zur Vorsicht, indem er beide Augenbrauen hochzieht. Schließlich gibt es noch einen toleranten Geist, dessen Mundwinkel mit einem Anflug von Lächeln leicht nach oben gezogen sind und der die rechte Augenbraue hochzieht. In etwa so, als hätte ihm der Lichtmagier Ingo Maurer selbst Modell gestanden.

Adresse Rue du Marché-aux-Herbes, 1728 Luxemburg | **ÖPNV** Bus unter anderem 1, 2, 7, 9, 10, 13, 18, 21, 23, 28, Haltestelle Hamilius, von dort 10 Minuten Fußweg | **Tipp** Rechts neben der Stadtresidenz des Großherzogs befindet sich die 1858 eingeweihte Abgeordnetenkammer, das heutige luxemburgische Parlament, dessen Fassade ebenfalls abends beleuchtet wird.

35 Die Galerie im Tunnel

Die längste Kunstausstellung der Stadt

Tautropfen auf Moos, in denen sich das Licht des frühen Morgens bricht. Eine weite Ebene voller Getreideähren, die so fotografiert sind, dass man am liebsten hineingehen möchte in dieses Bild, um sich mitten ins Feld zu legen. Das Auge weiß nicht, wo es zuerst hinschauen soll. »Nature's Luxembourg« heißt diese Ausstellung, die zum Besten zählt, was hier, in der längsten Galerie Luxemburgs, je gezeigt wurde. Zumindest einige dieser spektakulären Naturfotografien von Raymond Clement sollten in der Galerie im Tunnel dauerhaft ausgestellt werden. Denn wer sonst könnte die Wildheit und die Sanftheit der Luxemburger Natur so wunderbar in Szene setzen wie dieser Fotograf? Doch die unterirdische Galerie am Rosengärtchen zeigt leider nur wechselnde Ausstellungen und bietet lediglich Edward Steichen, dem »großen Patriarchen der Fotografie«, eine ständige Bühne.

Wer noch nie dort war, wird sicherlich erst einmal eine Weile den Eingang suchen. Denn am Place de Martyrs gibt es weit und breit kein Schild, das einem den Weg weist. Der Eingang des Ausstellungsortes, der laut der britischen Zeitung »The Independent« zu den zehn bizarrsten Galerien der Welt zählt, ist der einer Bank.

Nach der Anmeldung, dem Sicherheitscheck und dem Eintrag an der Rezeption geht es mit dem Fahrstuhl nach unten. Die 350 Meter lange Galerie empfängt den Besucher mit Verbotsschildern und installierten Kameras. Der Tunnelgang diente übrigens in den 1940er Jahren den Widerstandskämpfern als ausgezeichnetes Versteck vor den Nazis.

Während des Besuchs kann es mitunter passieren, dass einem Mitarbeiter der Bank entgegenkommen, denn der 1913 fertiggestellte Tunnel wurde ursprünglich als Verbindung zwischen den Gebäuden der Bank unter dem Bourbon-Plateau angelegt. Auch heutzutage nutzen die Banker den unterirdischen Gang, um möglichst schnell in andere Abteilungen zu gelangen. Der kurze Dienstweg, sozusagen.

Adresse 16, Rue Sainte Zithe, 2954 Luxemburg | **ÖPNV** Bus 2, 4, 10, 11, 13, 14, 18, 21, 22, 28, 31, Haltestelle Martyrs | **Öffnungszeiten** Mo – Fr 9 – 17.30 Uhr | **Tipp** Das Bistro »Paname« in der Rue Sainte Zithe 50, nur 5 Minuten zu Fuß von der Galerie entfernt, bietet gute Salate, Snacks und einen exzellenten Kaffee an.

36___Der Garten des Wil Lofy

Im Reich des Holzmagiers

Man muss sich Wil Lofy als einen glücklichen Menschen vorstellen. Europäische Winter verbringt der 80-jährige Künstler mit Vorliebe in Puerto Montt im milden Patagonien, wo er bis vor einiger Zeit zwei Inseln besaß und auch gern Miesmuscheln züchtete. Mit einem zehn Meter langen Segelboot umschiffte er einst Kap Hoorn. Jetzt steht er mit einem Glas guten Rieslings in der Hand schmunzelnd am Ufer der Alzette und schaut der Sonne zu, wie sie Schattenspiele auf sein vertäutes Boot »Melusina« wirft. »Damit bin ich früher einfach rüber in die Kneipe gerudert.« Lofy stützt sich auf seinen Stock, geht einige Stufen hoch und zeigt mir an einer Wand zwei lachende Kindergesichter, die hier als Steinskulptur aus einem gemeißelten Fenster schauen. »Das sind meine Nachbarskinder. Die siehst du auch am Hämmelsmarsch-Brunnen am Roude Pëtz.« Lofy hat, als er hierherzog, gleich die Sympathie der Kinder gewonnen, indem er ihnen im Hof, neben seinem Atelier, einen Spielplatz einrichtete.

Er sei jemand gewesen, der mit »Charme, Talent und Schönheit« gern die Herzen der Menschen erobert habe, meint Lofy. Der Charme spiegelt sich heute noch in seinen wachen Augen, und das Talent offenbaren die Werke in seinem Atelier und in dem frei zugänglichen Garten. Während die Werkstatt auf der anderen Seite des Hofes überquillt von patagonischem Treibholz, Wurzelholz und Walfischknochen, dient das Atelier als Ausstellungsraum für seine Kunstobjekte, wie Melusina-Drucke und aus edlen dunklen Hölzern gefertigte Sitzmöbel. Wil Lofy nimmt genüsslich auf einem hölzernen Thron Platz. Als wichtige Figur der Kunstszene Luxemburgs folgte er nie irgendeinem beliebigen Trend. »Ich liebe die Holzgeister und andere …«, sagt er mit einem Grinsen, geht dann noch einmal in die Werkstatt, bückt sich und zaubert unter einem Haufen Walfischwirbel eine weitere Flasche luxemburgischen Riesling hervor.

Adresse 1, Rue Saint Ulric, 2651 Luxemburg | **ÖPNV** Bus 23, Haltestelle Stadgronn, Bréck (oder per Felsenlift vom Plateau du Saint Esprit). Vor der Alzettebrücke rechts die Treppe runter, dann 40 Meter am Ufer entlang und die erste Treppe rechts hoch. Hinter den beiden Kinderköpfen an der Wand liegt links der Hof. | **Öffnungszeiten** Tagsüber bis 16 Uhr. Bitte die Mittagsruhe nicht stören. | **Tipp** Die von Wil Lofy früher mit dem Boot »Melusina« angesteuerte Kneipe auf der anderen Seite der Alzette heißt heute »Scotts Pub«.

37 — Das Gastronomica
Die Sonne des Südens geht in Hollerich auf

Wahrscheinlich würden sich viele Restaurants in der Stadt Luxemburg gern so viel Raum wünschen. Marco, Massimo und Antoine, die Inhaber des »Gastronomica«, durften gleich ein ganzes Lagerhaus umbauen und haben ihre Möglichkeiten gut genutzt. Zugegeben, die Lage ist gewöhnungsbedürftig, aber die unmittelbare Nachbarschaft einer Großtrödelhalle im alten Hollericher Industrieviertel hat ihnen bislang auch nicht geschadet. Was für die italienische Crew des Restaurants zählt, sind vier Dinge: die Qualität der Speisen, ein großzügiges Ambiente, gute Musik und Mundpropaganda.

Die Geschichte des Familienbetriebs begann mit einem ganz kleinen Laden, der ebenfalls auf dem ehemaligen Industriegelände stand. Es dauerte nicht lange, und der winzige Imbiss wurde, nicht zuletzt dank genialer Trüffel- und Pesto-Pasta und der frisch aus Italien importierten Produkte, ein echter Geheimtipp.

Im Sommer schwebt der Duft von selbst gebackener Piadina, der kleinen italienischen Schwester des Fladenbrotes, über der Terrasse. Sie wird hier klassischerweise mit frischen Tomaten, Rucola und Parmaschinken serviert. Ein mit Büffelmozzarella zubereiteter Insalata Caprese tritt in Konkurrenz zur Burrata, die man auch im Feinkostladen im Parterre erwerben kann. Burrata ist ein aus Apulien stammender Frischkäse aus Kuhmilch oder, seltener, aus Büffelmilch, der aufgeschnitten sein cremiges Geheimnis preisgibt.

Besonders am Herzen liegen den italienischen Gastgebern die Tanzabende. So kann es passieren, dass man die große Treppe zu den Klängen eines Bandoneons hinaufschreitet, unterwegs das imposante wandfüllende Familienporträt bestaunt, um dann von tanzenden Paaren empfangen zu werden, die sich gemeinsam mit geschickten Kellnern um opulent beladene Tische bewegen. Genau diese Abende sind es, die das »Gastronomica« zu einem besonderen Ort machen. Einem Ort, an dem fortwährend die Sonne des Südens aufgehen scheint.

Adresse 83, Rue de Hollerich, 1741 Luxemburg | **ÖPNV** Bus 1, 23, Haltestelle Jean-Baptiste Merkels | **Öffnungszeiten** täglich 9–23 Uhr | **Tipp** Die schmale Rue de la Vallée führt, nur einige Minuten vom »Gastronomica« entfernt, hinunter ins Tal der Petruss. Der kleine Bach hat sich im Laufe der Jahrtausende hier, mitten in der Stadt, sein eigenes Tal gegraben und fließt an kleinen Gartenanlagen, idyllischen Häusern und grünen Parkanlagen entlang. Ein idealer Ort für Stadtwanderer, die etwas Ruhe suchen.

38 Gëlle Fra

Skandale um eine Siegesgöttin

Im Sommer 1923 brach in der Stadt Luxemburg ein Sturm der Entrüstung los. Seit dem 27. Mai stand eine nur leicht bekleidete goldene Frau auf einem 20 Meter hohen Granitsockel. Die katholische Kirche lief Sturm. Schwesternschülerinnen wurden aufgefordert, sittsam das Haupt zu neigen, damit sie ja nicht die Brüste der Schönen sehen. Daraufhin meldete sich in dem satirischen Wochenblatt »De Gukuk« ein gewisser Claus Cito zu Wort. Sein Werk sei keine »Pornographie oder Pornoplastik«, sondern »patriotisch durch und durch«. Wenn es der *Gëlle Fra*, der Goldenen Frau, gelänge, die Sinne der Mitbürger so sehr zu reizen, würde sie doch »das Emporschnellen der Geburtenziffer entscheidend beeinflussen« und somit ganz im Sinne der konservativen Bevölkerungspolitik Wirkung haben.

Hinter dem Beitrag im Satireblatt steckte allerdings ein Redakteur und nicht der tatsächliche Bildhauer Claus Cito, der mit seiner sinnlichen Figur und den beiden oft übersehenen Soldaten am Fuße des Sockels den fast 3.000 luxemburgischen Gefallenen des Ersten Weltkrieges ein Denkmal setzen wollte.

Die deutschen Besatzer rissen im Mai 1940 die Goldene Frau mittels einer Dampfwalze nieder, worauf sie in drei Teile zerbrach. Die Fragmente des vergoldeten Bronzekörpers, der Olympia und der Nike von Samothrake nachgebildet, blieben über 40 Jahre verschwunden. Am Tag vor dem Nationalfeiertag 1981 verkündete der Schriftsteller Josy Braun, die Goldene Frau sei unter der Tribüne des städtischen Fußballstadions gefunden worden.

Das restaurierte Denkmal, das offiziell »Monument du Souvenir« heißt, wurde vier Jahre später wieder aufgestellt. Zur erneuten Entrüstung kam es 2001, als die kroatische Künstlerin Sanja Iveković im Rahmen ihrer gesellschaftskritischen Aktion »Lady Rosa von Luxemburg« eine schwangere goldene Frau 50 Meter neben das Original platzierte.

Adresse Place de la Constitution, 1478 Luxemburg | ÖPNV Bus 19, Haltestelle Hällepull |
Tipp Am Place de la Constitution beginnen auch die Stadttouren des doppelstöckigen
»Hop-On / Hop-Off«-Busses, der alle 20 Minuten die Sehenswürdigkeiten der City ansteuert.

39 Der geologische Lehrpfad

Als Luxemburg noch ein Meer (ohne Nixen) war

Nein, der geologische Lehrpfad beginnt nicht im Stadtteil Grund an der öffentlichen Toilette im Lifttunnel. Zwar hängen hier, genau am Toiletteneingang, vier kleine Vitrinen, in denen einige fossile Muscheln und Ammoniten ausgestellt sind, als auch ein Schild »Geologischer Lehrpfad«. Doch der Ausgangspunkt des geologischen Lehrpfads liegt im Garten des Naturmuseums. Eine erste Tafel erläutert Methoden der Gesteinsuntersuchung. Neun weitere Stationen mit Schautafeln befinden sich auf der etwa einstündigen Strecke durch das Tal der Petruss.

Die schroffen Felsen des Petrusstals prägen das Bild der Stadt Luxemburg auf unverwechselbare Weise. Der Lehrpfad vermittelt auf anschauliche Weise, wie beständige Erosion auf den Sandstein eingewirkt hat. Auf der zweiten Etappe erfährt man etwas über die Entstehung und Zusammensetzung des Sandsteins. Schließlich ist er das charakteristische Sedimentgestein im Zentrum des Großherzogtums, der eine Mächtigkeit von über hundert Metern erreicht. Der Sandstein ist das Produkt von Ablagerungen, die sich genau hier vor mehr als 200 Millionen Jahren in einem vorzeitlichen Meer, dem Liasmeer, gebildet haben. Auf der Wanderung, bei der man die schönsten und schroffsten Felsen der Stadt passiert, erhält man in der Nähe der Quirinuskapelle (siehe Ort 89) auch Informationen über die wichtige Funktion des Luxemburger Sandsteins als Trinkwasserspeicher.

Außerdem wird das vielfältige Leben im einstigen Liasmeer beleuchtet. Wir sehen, wie die Petruss, die heute ja nur ein kleiner Bach ist, sich vor langer Zeit mit mächtiger Kraft in die Gesteinsschichten geschnitten hat, und erfahren abschließend, welch große Bedeutung der Sandstein in der Stadt als Baumaterial für Häuser oder die Adolphebrücke besaß.

Adresse 25, Rue Münster, 2160 Luxemburg | **ÖPNV** Bus 23, Haltestelle Stadgronn, Bréck (oder per Felsenlift vom Plateau du Saint Esprit) | **Öffnungszeiten** Mi–So 10–18 Uhr, Di 10–20 Uhr, Mo geschlossen | **Tipp** Die Stadt bietet auch andere thematische Rundgänge an. Das Luxembourg City Tourist Office am Place Guillaume II 30 informiert unter anderem über den Rundgang »Auf Goethes Spuren«, den »Wenzel-Rundgang« und den »Vauban-Rundweg«.

40___Der Gerichtshof der Europäischen Union

Der aus Licht gewebte goldene Himmel

Wenn die europäische Gesetzgebung eine Farbe hätte, welche wäre das dann wohl? Als der Pariser Architekt Dominique Perrault, der für die Neugestaltung des Europäischen Gerichtshofs in Luxemburg verantwortlich war, dies gefragt wurde, sagte er, wie schön es doch sei, die Sonne über dem Himmel von Luxemburg einzufangen und in die Gebäude zu bringen. Bereits die beiden Türme des Gerichtshofs sind leuchtende Beispiele für die illuminierende Wirkung von Architektur. Wenn die Sonne günstig steht, erscheinen sie wie golden glühende Eintrittspforten ins Europaviertel. Doch nun hat sich der Architekt noch einmal selbst übertroffen. Über dem zentralen Gerichtssaal und seinen 41 Richtersitzen, 23 Dolmetscherkabinen und 280 Zuschauerplätzen schwebt ein von ihm gestaltetes Kunstobjekt. Ein goldener Himmel, der wie ein feines Netz das Tageslicht einfängt, und dies, um die Würde des Europäischen Gerichtshofs zu unterstreichen, auf sehr diskrete Weise. Als Besucher sollte man die Treppe hinauf in die erste Etage gehen, um diesen Wasserfall aus goldenem Licht, das Justitia erleuchten soll, in voller Pracht zu genießen.

Bereits beim Eintritt in die große Empfangshalle fällt der Blick auf einen riesigen kristallenen Baccarat-Kandelaber oberhalb der Haupttreppe, der den Weg in den östlichen Teil des Gebäudes weist. Dieser indirekte Verweis auf Osteuropa verwundert nicht, da der Lichtkünstler Perrault sich für diese Installation von den Deckenleuchten der Blauen Moschee in Istanbul inspirieren ließ.

Mehr als 2.100 Menschen arbeiten in diesem Gebäudekomplex, der auf 14 Meter hohen Stützen steht. Ein schwebender Wunderbau, der auch ein Museum sein könnte, schließlich gibt es hier zahlreiche Kunstwerke zu bestaunen. Wie beispielsweise ein Abguss der Plastik »Der Denker« von Rodin oder die acht Holzschnitttafeln von HAP Grieshaber. Natürlich allesamt in allerbestes Licht gesetzt.

Adresse 45, Boulevard Konrad Adenauer, 2950 Luxemburg | **ÖPNV** Bus 7, 16, 120, 144, 172, 192, 194, 195, Haltestelle B.E.I. | **Öffnungszeiten** Besichtigungen nach Anfrage (gebührenfreie Rufnummer: 00800/67891011, Mo–Fr 9–18 Uhr, in jeder der EU-Amtssprachen!) | **Tipp** Eine Busstation weiter den Kirchberg rauf befindet sich das italienische Restaurant »La Farinella«. Die köstliche Holzofenpizza gibt's auch zum Mitnehmen.

41 Goethes Herberge am Fischmarkt

Des Dichters glückliche Tage in Luxemburg

Fünf Tage vor seinem 43. Geburtstag reist der Dichter Johann Wolfgang von Goethe von Weimar aus mit der Kutsche über Trier und Luxemburg nach Frankreich. Es wird, ganz im Gegensatz zu seiner zweijährigen Bildungsreise nach Italien, kein reines Vergnügen werden. Denn Goethe sollte sich an einem Feldzug deutscher und österreichischer Monarchen gegen das jakobinische Frankreich beteiligen. Das erste und einzige Mal zieht der Dichter 1792 in einen Krieg. Nach schrecklichen Erlebnissen vertraut er seinem Tagebuch die glückliche Heimreise an, die er unversehrt antreten kann.

Goethe findet am Fischmarkt ein Quartier mit einem Zimmer, das durch die hohen Fenster genügend Licht »aus dem engsten Höfchen« erhält. Zum ersten Mal kann er seine Koffer wieder aufschließen und sich seines Geldes und seiner Manuskripte versichern. »Das Konvolut zur Farbenlehre bracht' ich zuerst in Ordnung … Ein Kriegs- und Reisetagebuch mocht' ich gar nicht anrühren.« Schnell macht sich Goethe auf, diesem »Kriegsnachspiel mit Lazaretten, abgerissenen Soldaten«, welches er in der Oberstadt sieht, zu entkommen.

Im nahe gelegenen Tal kommt der Dichter endlich zur Ruhe. Voller Verwunderung beschreibt er die beiden Flüsse, die sich zwischen den Felsen durchschlängeln. Er staunt über die terrassierten Gärten an den steilen Hängen und über die »belebenden Lusthäuser«. Kein Wunder, dass man Goethes Ausspruch »Hier findet sich so viel Größe mit Anmut, so viel Ernst mit Lieblichkeit verbunden« heute als stolzes Zitat auf der Gedenktafel am Bockfelsen lesen kann. Auch am Fischmarkt, im Hof der L'îlot gastronomique, wurde eine Tafel zum Gedenken an Goethe angebracht. Genau hier, im gut erhaltenen historischen Gewirr von Erkern, Treppen und einem pittoresken Hofbrunnen, kann man sich seine Unterkunft und jenes »wunderlichste Lokal … das vielleicht in der Welt zu finden ist«, noch lebhaft vorstellen.

Mir wölle bleiwe wat mir sin

Adresse Fischmarkt, 32, Rue de l'Eau, 1449 Luxemburg | ÖPNV Bus 9, 14, 20, Halte-stelle Um Bock / Casemates | **Tipp** Wer wissen möchte, wie Goethe im Luxemburg der damaligen Zeit gespeist hat, sollte die »Goethe Stuff« *(Les Espaces Saveurs)* an derselben Adresse besuchen, die sich der traditionellen elsässischen und luxemburgischen Küche verschrieben hat. Die Wände sind mit Reproduktionen von Goethes Reiseskizzen geschmückt.

42 Das goldene Einhorn

Wundersamer Beobachter der verrinnenden Zeit

Es war zu der Zeit, als auf dem Place d'Armes noch Linden standen und keine Platanen. Auch das heutige Stadt-Palais, das Cercle-Gebäude, gab es noch nicht. Genauer gesagt war es 1803, als der Apotheker Joseph-Léopold Seitz in der Nummer 4 der Rue du Curé eine Apotheke mit dem Namen »Pharmacie de la Licorne« (Einhornapotheke) eröffnete.

Während der Festungszeit, die bis 1867 währte, hatte die preußische Garnison am Place d'Armes ihre Hauptwache errichtet und im linken Dachfenster der Einhornapotheke eine öffentliche Uhr installiert. Der Apothekengründer Seitz und seine Nachfolger, Herr Fischer und Herr Schommer, waren dazu verpflichtet, neben ihrer pharmazeutischen Tätigkeit die Uhr zu warten und exakt zu stellen. Die pünktliche Einhaltung der Wachablösung der Soldaten hing also wesentlich von den Apothekern ab. Diese seltsame Regelung wurde 1867 mit dem Schleifen der Festung und der Auslagerung der Hauptwache weit draußen vor die Stadt, in den heutigen Park Heintz van Landewyck, aufgehoben.

Nach dem Ende seiner Zeit als Uhrwächter stürmte der Einhornapotheker Gustave Schommer kurzerhand mit einer Axt bewaffnet nach oben aufs Dach und zerstörte fluchend die Uhr. Nun konnte er sich endlich wieder seiner Liebhaberei, der Kriminologie, widmen und veröffentlichte unter anderem ein Werk mit dem Titel »Tödtliche Phosphorvergiftung eines siebenjährigen Mädchens durch seine Stiefmutter«.

1920 zogen das goldene Einhorn und sein neuer Besitzer Camille Huberty dorthin, wo die Rue Chimay, die von den Luxemburgern auch Dräikinneksgaass genannt wird, in den Place d'Armes einmündet. Zuletzt wurde die traditionsreiche Apotheke unter dem Namen »Grande Pharmacie« von Felix Molitor bis zu seinem Tod 1972 geleitet. Das goldene Einhorn jedoch brachte er an seinen ursprünglichen Platz in der in der Rue du Curé, wo es heute noch hängt.

Adresse 5, Rue du Curé, Eckhaus Chimaygasse / Place d'Armes, 1368 Luxemburg | **ÖPNV** Bus 2, 7, 9, 11, 14, 16, 18, Haltestelle Hamilius | **Tipp** Die einstige Hauptwache ist auch heute noch im Originalzustand im Park Heintz van Landewyck zu sehen. Sehr empfehlenswert sind die Führungen von Robert Philippart, einem ausgezeichneten Kenner der Historie der Stadt Luxemburg im Allgemeinen und der Architektur der Stadt im Besonderen (Anfragen unter Tel. +352/444929 oder robertphilippart@msn.com).

43 Der Goldene Löwe

Einem Sender Flügel verleihen

Eine der bekanntesten Ikonen Luxemburgs ist zweifellos der Goldene Löwe. Abba, Queen und Michael Jackson hielten den 2,5 Kilogramm schweren geflügelten Löwen von Radio Luxemburg bereits in Händen, mit dem die Musikbranche ihre erfolgreichsten Stars auszeichnete. Die Löwenverleihung war während ihrer 36-jährigen Geschichte bis 1995 das meistbeachtete Spektakel der damaligen Medienwelt. Was viele Einheimische nicht wissen: Radio Luxemburg startete am 15. März 1933 nicht nur als erster Privatsender Europas, sondern gehörte auch zu den Vorläufern heutiger Piratensender, da er sein Programm in Südengland und Irland ohne Lizenz ausstrahlte.

Ebenfalls relativ unbekannt ist der große Löwe in der Eingangshalle des RTL-Gebäudes auf dem Kirchberg-Plateau. Die vergoldete Bronzeplastik des Künstlers Marc Frising ist eine freie Interpretation der Originalskulptur von Auguste Trémont. Trémont wiederum orientierte sich an einem Wappenmotiv, das 1470 den ersten goldenen, gekrönten Luxemburger Löwen mit Doppelschweif zeigte. Für seine Heimatstadt hatte Trémont bereits zuvor die zwei imposanten Bronzelöwen auf der Treppe des Rathauses erschaffen.

Als Erfinder des Medienpreises gilt der populäre Sänger, Radio- und Fernsehmoderator Camillo Felgen. Der Legende nach ging er in der Villa Louvigny mit einem Stapel Schallplatten die Treppe hoch und stolperte auf der letzten Stufe. Als die Platten dabei auf den roten Teppich mit dem Löwenmotiv fielen, hatte er sein mediales Erweckungserlebnis.

Auguste Trémont musste seinerzeit nur ein Paar stilisierter Flügel an dem Tier anbringen, um dem Motto des Wappens gerecht zu werden, das da hieß, dem Löwen Flügel zu verleihen – »Devise Alas Leoni Dedit«. Mit diesen Flügeln wollte RTL ein Zeichen setzen: auf dass sie den Rundfunk des Großherzogtums Luxemburg durch den Äther in die weite Welt hinaustragen mögen.

Adresse RTL Group, 43, Boulevard Pierre Frieden, 1543 Luxemburg | ÖPNV Bus 18, Haltestelle Kirchberg, Léon Thyes | Öffnungszeiten Mo – Fr 8 – 17 Uhr | Tipp Die französische Warenhauskette »Auchan« ist auch in der Stadt Luxemburg vertreten und betreibt auf dem Kirchberg unweit der RTL-Group-Gebäude den landesweit größten Verbrauchermarkt.

44__Das Grab des Haupt- manns von Köpenick

Endlich im Land der freien Menschen

Als der mittellose Schuster Wilhelm Voigt am 16. Oktober 1906 in einer Hauptmannuniform vom Flohmarkt mit der Köpenicker Stadtkasse durchbrannte, ging das in die Geschichte ein. Der »Hauptmann von Köpenick« wurde von Carl Zuckmayer auf die Bühne gebracht und von Heinz Rühmann, Harald Juhnke und Otto Sander gleichermaßen gut verkörpert. Voigt saß für die Tat nur 18 Monate im Gefängnis, weil er von Kaiser Wilhelm II. begnadigt wurde.

Was aber machte Voigt nach der Haftentlassung in Luxemburg? Eigentlich wolle er nach Frankreich und Amerika und sei nur auf der Durchreise, hieß es, als der »Hauptmann von Köpenick« am Nachmittag des 4. Mai 1909 für einen Vortrag – in Uniform – in der Villa Louvigny erwartet wurde. Aus dem Vortrag wurden zwölf Jahre, die Voigt als »Gauner i. R.« (in Reserve) in Luxemburg verbrachte. Er war ein Publikumsmagnet, der allein durch den Verkauf seiner beliebten Postkarten so reich wurde, dass er sich als einer der Ersten in Luxemburg ein Automobil leisten konnte. Voigt zog zu einer gewissen Frau Blum, einer Witwe in der Neipperg-Gasse 5, die 1932 anlässlich der Aufführung von Zuckmayers Bühnenstück sogar als »Madame Köpenick« ein Interview geben sollte.

Voigt genoss seinen Ruhm, der ihn bis nach Chicago und Paris führte. Während eines Kuraufenthaltes im Thüringer Wald las er seine eigene Todesanzeige, in der stand, er sei in London gestorben. Tatsächlich starb er völlig verarmt am 3. Januar 1922 in Luxemburg. Der Zirkus Sarrasani kaufte 1961 sein Grab auf dem Liebfrauenfriedhof für 15 Jahre, und Carl Zuckmayer selbst schrieb der damaligen Bürgermeisterin Colette Flesch einen rührenden Brief, in dem es heißt, er »wolle zur Erhaltung oder Verschönerung des Grabes einen Beitrag stiften«. Als Inschrift schlug er vor: »Dem deutschen Eulenspiegel des XX. Jahrhundert zum Gedächtnis«.

Adresse Liebfrauenfriedhof, Allée des Résistants et des Déportés, 1431 Luxemburg | **ÖPNV** Bus 3, 19, 30, CN2, Haltestelle Glacis, Nikloskierfecht | **Tipp** Auf dem Liebfrauenfriedhof befinden sich neben den Gräbern von Antoine Zinnen, der die Nationalhymne vertonte, und dem Grab des Schriftstellers Batty Weber auch die sterblichen Überreste von 40 Luxemburgern, die im Konzentrationslager Hinzert im Hunsrück erschossen wurden.

45 Das grüne Spanische Türmchen

Über identitätsstiftende Kleinode der Festung

Hinter dem Hondhaus, etwas oberhalb der Alzette im Stadtteil Clausen, nimmt ein steiler, aber sehr romantischer Pfad seinen Anfang. Wer ihm folgt, passiert unweigerlich einen besonderen Abschnitt des ehemaligen Forts Obergrünewald. Hier gibt es ein Spanisches Türmchen zu entdecken, das im Gegensatz zu den anderen acht noch bestehenden oft zugewachsen ist. Die Pflanzenwelt darf sich hier, oberhalb der Bahngleise, gern das Recht herausnehmen, Teile der Festung einfach zu überwuchern.

Die Spanischen Türmchen sind schon seit Langem ein beliebtes Symbol Luxemburgs. Als Logo zierten sie bereits die Auftritte der Regierung und der städtischen Tourismusbehörde. Denn die auch unter der Bezeichnung »Postenerker« bekannten Türmchen eignen sich hervorragend als Signet. Auch in Gestalt von Anstecknadeln und Sparbüchsen gab es sie schon. Ja, in Zeiten vor dem Euro zierten die Türmchen sogar den größten Geldschein des Landes. Gleichsam als Verbildlichung der Wachsamkeit und Solidität der hiesigen Banken.

Wieso sie in Luxemburg Spanische Türmchen genannt werden, ist nicht hinlänglich geklärt. Aus historischen Plänen geht hervor, dass es früher 39 von ihnen gab. Einige der Postenerker waren während der spanischen Herrschaft von 1546 bis 1684 ein wichtiger Bestandteil der Bastionen. Andere sind nachweislich französischen Ursprungs, wie das grüne Türmchen am Fort Obergrünewald.

Pflanzenbewuchs oder anderweitige »Verunstaltungen« der Spanischen Türmchen waren zeitweise übrigens unter Strafe gestellt. Als am 5. Oktober 1941 das Türmchen des Forts Obergrünewald plötzlich in den Nationalfarben Rot, Weiß und Blau erstrahlte, gerieten zehn deutschfeindliche Luxemburger in Verdacht und bekamen hohe Geldstrafen. Schließlich wurde Hubert Baumgarten aus dem Pfaffenthal der Tat beschuldigt und verhaftet. Er starb 1943 mit 31 Jahren im KZ Dachau.

Adresse Pfad vom Hondhaus zum Kirchberg-Plateau | **ÖPNV** Bus 23, Haltestelle Sainte Cunégonde (oder mit dem gläsernen Panoramafahrstuhl ins Pfaffenthal schweben), von dort 10 Minuten Fußweg | **Tipp** Der Pfad führt hinauf auf eine Wiese vor dem Fort Thüngen, von der man einen phantastischen Rundumblick auf die Unter- und Oberstadt genießen kann.

46 De Gudde Wëllen
Kult, Musik und wilde Männer

Die kleine Gasse Rue du Saint Esprit, zwischen dem Place Claire-fontaine und dem Justizpalast, ist ein Geheimtipp für gute Orte. Gleich neben dem »Mesa Verde« (siehe Ort 70) befindet sich eine gemütliche, zweistöckige Bar, die sich am Wochenende in einen Musikclub verwandelt. Zuerst einmal zum Namen dieses extravaganten Lokals, der sowohl bei jungen Stadtbewohnern als auch Musikliebhabern im nahen Ausland einen guten Klang hat. »De gudde Wëllen« kann sowohl »der gute Wille«, als auch »der gute Wilde« bedeuten. Je nachdem, welcher Musiker auftritt, und es gibt mindestens ein Livekonzert pro Woche, kann es sanft oder aber ziemlich wild zugehen.

The Soft Moon wäre beispielsweise eine Gruppe, die einen völlig auf die falsche Fährte bringen könnte. Denn »soft« sind die Töne dieser amerikanischen Post-Punk-Band aus Oakland wahrlich nicht, vielmehr ist sie dem Dark Wave oder Industrial Rock zuzuordnen.

Den guten Willen zu später Stunde zeigt eher ein Musiker wie Adam Torres, der mit seiner sanften, fast zerbrechlichen Stimme an einen guten Storyteller erinnert. Im »Gudde Wëllen« bekommt man ein breites Spektrum an Musik zu hören, die sich nicht in Schubladen stecken lässt. Hier wird alles geboten, von Indie, Hip-Hop, Electro und Soul bis hin zu Rock'n'Roll.

Einen guten Willen beweist das Musik-Café, in dem noch die originalen Felswände zu sehen sind, auch bei seinen Craft-Bieren, Ciders und Funky Cocktails. Spannend ist der »Gudde Rum«, ein Cocktail mit karibischem Rum aus Martinique, etwas Mango und Chilischoten. Der Hausdrink trägt den Namen »Tea Time Gin Tonic«, der seinen einzigartigen Geschmack Earl-Grey-Tee und Holunder verdankt. Die Küche gibt sich robust und serviert für den »gudden Honger« gekochte Eier mit Kräutersalz, Mettwurst und Senf. Wer es kulinarisch anspruchsvoller möchte, bestelle einfach eine der vegetarischen Delikatessen im »Mesa Verde« nebenan.

Adresse 17, Rue du Saint Esprit, 1475 Luxemburg | **ÖPNV** Bus 19, Haltestelle Centre, F. D. Roosevelt, von dort 5 Minuten Fußweg | **Öffnungszeiten** Di – Do 17 – 1 Uhr, Fr – Sa 17 – 3 Uhr, So und Mo geschlossen | **Tipp** Der Laden »CD Buttek« in der Rue du Marché-aux-Herbes 16 bietet nicht nur CDs an, sondern auch gute alte Vinylplatten. Man findet den Laden in der Nähe des Palais, nur 10 Gehminuten vom »De Gudde Wëllen« entfernt.

47 Die Hainbuche auf der Königswiese

Berührendes Andenken an eine Naturschönheit

Wenn es um ihre Bäume geht, können Luxemburger zu wahren Kämpfern werden, wie bereits eine Geschichte aus den 1930er Jahren beweist. Auf einer Wiese südlich der Villa Louvigny stand damals eine mächtige Ulme. Da sie durch den schuppigen Schwarzfußsporling geschädigt war, sollte sie gefällt werden. Dank massiver Proteste der Bevölkerung blieb der Baum stehen und durfte noch stolze 58 Jahre sprießen und Sauerstoff produzieren, bis er 1988 schließlich Opfer der Ulmenkrankheit wurde.

Auf der Königswiese wiederum, im zentral gelegenen Stadtpark, stand einst die wohl schönste Hainbuche des Landes. Ein fulminantes Exemplar des *Carpinus betulus*, der bereits 1958 in der Publikation »Luxemburger Baumriesen« als die stärkste beziehungsweise mächtigste Hainbuche aufgeführt wurde.

Viele Städter, die sich an heißen Sommertagen unter ihrem riesigen Kronendach niedergelassen haben, werden sich gern an den majestätischen Baum erinnern, der auf Französisch nicht ohne Grund *Charme* heißt. Das ausladende Blättermeer bot wohltuenden Schatten, und das auf einer Fläche von mehr als 300 Quadratmetern.

Die vom Landschaftsarchitekten Edouard André gepflanzte Hainbuche thronte über 150 Jahre auf der Königswiese. Bis zum Frühjahr 2016, als der Solitärbaum mit dem schönen Wuchs nach zehnjährigem Kampf schließlich doch Opfer von zwei holzzerstörenden Pilzen wurde. Die Vitalität der Bäume des Stadtparks leidet bedauerlicherweise zunehmend unter der zu dünnen Humusschicht über dem Sandstein der Stadt, den hohen Temperaturen und der Trockenheit im Sommer.

Der Verlust der Hainbuche berührte die Bevölkerung so sehr, dass er sogar Eingang in die Debatten des Stadtparlaments fand. Also beschloss man, den Baumstumpf mit Eichenholz zu umzäunen und das kleine Areal zur »Würdezone« zu erklären.

Adresse Stadtpark (nahe der Avenue Porte-Neuve), 2240 Luxemburg | **ÖPNV** Bus unter anderem 1, 2, 7, 8, 16, 18, 19, Haltestelle Fondation Pescatore, von dort 4 Minuten Fußweg | **Tipp** Ebenfalls im Stadtpark, nahe der Avenue Monterey, wartet ein in voller Größe erbautes hölzernes Piratenschiff samt Rutschen, Schaukeln, Sandkästen und Wasserläufen auf junge Besucher.

48 Das Haus mit der Kuppel

Denkmalgeschützter Seismograph der Geschichte

Das Zentrum der Stadt Luxemburg kennt nicht nur die Oberstadt, die steilen Felswände und das tief darunterliegende Tal, sondern auch eine Welt zwischen oben und unten. Eine Art Zwischenreich, das man über die steile Straße Montée de Clausen erreicht: das Plateau Altmünster. Von Weitem bereits ist hier ein schönes, im Jahr 1848 erbautes Gebäude zu erkennen. Die aus Schiefer, Zinkblech und Blei gefertigte Kuppel sowie der Turm des Hauses wurden erst im Jahr 1880 hinzugefügt. Durch die Lage auf dem Plateau Altmünster hat man vom im Stil einer italienischen Villa erbauten Gebäude aus einen mehrfachen Panoramablick. Nach hinten hinaus, über die Gartenterrassen hinweg, geht der Blick hinauf zum Rham-Plateau und zur Corniche. Nach vorne hin sieht man hinab ins Pfaffenthal.

Die Lage auf dem Felsplateau führt dazu, dass das Haus wie ein Seismograph funktioniert. Denn während oben, nur einige Meter vom Haus entfernt, die Züge über das Pfaffenthaler Viadukt rauschen und der heutige Besitzer, der Zeichner Camille Hammer, im Untergeschoss mit ruhiger Hand arbeitet, nimmt das fest mit dem Fels verbundene Gebäude jede kleine Schwingung wahr. So war auch das Erdbeben von Lüttich im Jahr 1983 hier sehr deutlich zu spüren.

Doch auch die politischen Schwingungen bewegter Zeiten lassen sich in dem Haus verorten. Denn neben dem ehemaligen Minister Pierre Prüm, der hier einst sein Anwaltsbüro betrieb, lebte in den Jahren 1918 und 1919 auch René Stoll in diesem Haus. Jener René Stoll, der bereits im November 1918 als Stimmführer einer Volksversammlung ein Selbstbestimmungsrecht des Volkes gefordert hat. Die Versammlung war gleichsam die Keimzelle, die zum Referendum führte, in dem die Luxemburger im September 1919 über ihre Staatsform abstimmten. Im Februar des Jahres wurde die Republik gleich mehrmals ausgerufen. Doch im Herbst 1919 stimmten die Luxemburger mit 77 Prozent für die Beibehaltung der Monarchie unter der Großherzogin Charlotte.

Adresse Plateau Altmünster 5, 2118 Luxemburg | **ÖPNV** Bus 9, 14. Die Haltestelle Plateau Altmunster ist in französischer Schreibweise, also ohne Umlaut, zu finden. Der Bus hält genau vor dem »Haus mit der Kuppel«. | **Tipp** Hundert Meter die Straße hinauf gibt es an der rechten Seite des Bockfelsens eine Plattform, auf der man Robert Schuman gedenkt. Per Knopfdruck hört man seine Stimme und eine Tafel erinnert in französischer und deutscher Sprache an den Gründervater Europas, dessen Wohnhaus man von der Plattform aus gut erkennen kann.

49 D'Haus vun der Natur

Das grüne Wunder am Kreuz- und Schnapshof

Einmal im Jahr ist richtig was los in dem ansonsten eher ruhigen Naturgebiet Kockelscheuer im Süden der Stadt. Vom Inselweiher aus und quer durch die Wälder radeln und spazieren Familien zum Kinderbauernhof, denn dort wird eine Menge geboten. Vom Gatter aus kann man zuschauen, wie die Schafe geschert werden. Ein paar kleine Ziegen laufen und hüpfen herum, als wollten sie es tobenden Kinder gleichtun. Wildbienen hängen an einem Ast wie ein großer, sich bewegender Bart. Die Garten- und Teichfreunde haben auf dem Gelände nahe der Feuchtwiese einen Pavillon aufgebaut und erklären die Bedeutung des Schilfs und der Algen. Ein Korbflechter zeigt schon seit vielen Jahren sein altes Kunsthandwerk, und ein Imker bietet einem kleinen Jungen frischen Honig an.

Das »Fest vun der Natur« wird jeden Sommer vom hier ansässigen Naturschutz-Center veranstaltet. Übers ganze Jahr kann man beim Verein »natur&ëmwelt« Vorträge und Ausstellungen besuchen sowie an Fortbildungen und auch Kochkursen teilnehmen. Oder einfach vorbeikommen, um mal die drei Esel Jacou, Jimmy und Wolli, das Schwein Freddy sowie all die Ziegen, Kaninchen, Laufenten und Hühner zu besuchen.

Zehn Jahre lang stand der ehemalige Bauernhof leer, bis er vom heutigen »Haus vun der Natur« umgebaut wurde. Bevor die Stadt Luxemburg das Gelände im Jahr 1953 kaufte, lebten fünf Familien auf dem Jean-Mathias-Hof. Doch dieser Hof hatte noch zwei weitere Namen: *Kräizhaff* und *Schnappshaff* (Kreuzhof und Schnapshof). Letzterer stammt aus der Zeit des Dreißigjährigen Krieges, als dieser Hof eine Schankwirtschaft war. 1777 übernahm ein neuer Besitzer den Hof. Dieser brachte ein mysteriöses Holzkreuz mit, das mit zwei anderen Kreuzen einmal an einer nahen Buche hing, der sogenannten *Kräizbich*, was den Namen Kreuzhof erklärt. Das Kreuz hängt heute noch im »Haus vun der Natur«. Es trägt die Jahreszahl 1629.

Adresse 5, Route de Luxembourg, 1899 Luxemburg | **ÖPNV** Bus 18, Haltestelle Kockel-scheuer Patinoire, von dort 10 Minuten zu Fuß bis zum Naturhaus | **Öffnungszeiten** Mo–Fr 8.30–12 und 13–17 Uhr | **Tipp** »D'Haus vun der Natur«, unweit des Inselweihers gelegen, ist in ein Rad- und Wanderwegenetz eingebunden. Die nahen Wälder laden zum Spazierengehen ein, und auch eine Eissporthalle ist von hier aus in kurzer Zeit zu erreichen.

50 Die Honigbienen im Stadtgrund

Die fleißigen Helferinnen im Grund

Schätzungsweise etwas über hundert Bienenvölker leben in der Stadt Luxemburg. Die Stadtbienen finden dank der vielen Parks, Alleen und Privatgärten eine große Anzahl verschiedener Nektarquellen. Unten im Tal der Alzette befindet sich sogar ein eigenes Wildbienenhotel. Es ist Bestandteil eines über zwei Kilometer langen Bienenlehrpfades, der Besucher über die exquisite Qualität des Stadthonigs informiert und zeigt, wie man selbst etwas für die Bestäubervielfalt tun kann. Neben den Honigbienen kümmern sich ja auch Wildbienen, Hornissen und Wespen um die Befruchtung in der städtischen Flora.

Wie in den Nachbarländern und weiten Teilen der Welt sind die in der Stadt Luxemburg heimischen Bienenrassen, die Buckfast- und die Carnicabiene, durch die Varroamilbe, durch Pestizide und Herbizide sowie den Rückgang der Biodiversität stark gefährdet. Deshalb haben die Behörden entschieden, in den Gärten des Stadtteils Grund keine schädigenden Pflanzenschutzmittel mehr zu verwenden.

Die Bienenstände im Stadtgrund gibt es seit 2012. Sie gehören zum Kulturzentrum der Abtei Neumünster, die den Biohonig im Souvenirshop unter dem Namen »Nektar der Melusina« verkauft.

Reine Sortenhonige kommen im Stadtgebiet nicht vor. Doch der Stadthonig ist geschmacklich vielfältig. So gibt es einen hellen, milden Frühjahrshonig und einen kräftigeren, bernsteinfarbenen Sommerhonig mit einem hohen Anteil von Brombeere und Linde.

Da die Bienenbeuten im Grund nur sehr beschwerlich über zahlreiche Treppen zu erreichen sind, wurde darüber nachgedacht, die Gärten durch eine Mini-Seilbahn mit der Abtei zu verbinden, um den Transport der Bienenbehausungen zu erleichtern. Doch bis heute ist es bei der Idee geblieben. Die mit den schweren Honigzargen beladenen Imker müssen weiterhin nach jeder Ernte mühsam Hunderte von Stufen überwinden, um den Honig abzutransportieren.

Adresse an den über die Rue Plaetis erreichbaren Terrassengärten gegenüber der Abtei Neumünster, 2338 Luxemburg | **ÖPNV** Bus 23, Haltestelle Stadgronn, Bréck | **Tipp** Oberhalb des Bienengartens im Grund steht an der Rue de Sosthène Weis ein Kunstwerk von Daniel Buren. Sein Name: »D'un cercle à l'Autre. Le paysage emprunté«. Es handelt sich um ein rot-weiß gestreiftes Quadrat mit kreisrundem Ausschnitt, das einem einen schönen »Durch- und Ausblick« auf die alte Handschuhfabrik und die Abtei Neumünster gewährt.

51 Das Hundertwasserhaus

Farbenfrohe Überraschung in Kalchesbréck

Man kennt ihn als Friedensreich Hundertwasser. Mit vollem Namen nannte sich der in Österreich und Neuseeland lebende Künstler jedoch Friedensreich Regentag Dunkelbunt Hundertwasser. Denn sein eigentlicher Nachname Stowasser war ihm zu banal. Hundertwasser liebte keine Banalitäten, vor allem nicht in der Architektur. Seine Häuser mit begrünten Dächern, farbenfrohen Mosaikfliesen und organisch anmutender Fassadengestaltung erkennt man weltweit auf den ersten Blick. Ein von ihm gestaltetes Gebäude mit einer öffentlichen Toilette in der kleinen Gemeinde Kawakawa in Neuseeland ist mittlerweile so berühmt, dass ganze Busladungen von Touristen zu dem Klo pilgern.

Aber es war nicht die neuseeländische Toilette, sondern das noch bekanntere Hundertwasserhaus in Wien, das Christian Maroldt im Jahr 2001 dazu inspirierte, die Fassade seiner Firma für Keramik, Wellness und Sanitäranlagen im Stil des Künstlers umzugestalten. Bei der Anfertigung der Keramiken arbeitete er mit der Werkstatt Ebinger-Schnaß zusammen, die Hundertwasser eng verbunden war und viele der Keramiken für seine Häuser herstellte.

Das Hundertwasserhaus im Stadtteil Neudorf-Weimershof ist zwar kein vom Künstler selbst geschaffenes Werk, überzeugt aber gleichwohl in seiner originellen Ausgestaltung. Der Showroom dient nicht nur der Ausstellung der Produkte, sondern wird auch von einer fliegenden, auf dem Kopf stehenden Kuh und einer Elefanten-Parade bevölkert. Viele Kunstschaffende wurden mit ihren Werken in das innovative Konzept eingebunden, wie die Luxemburger Fred Becker und Peter Schmidt sowie der niederländische Designer Martijn Keijzers.

Hundertwasser, der viele Tage malend auf seinem Schiff »Regentag« verbrachte und auf eigenen Wunsch in Neuseeland unter einem Tulpenbaum begraben wurde, hätte an dem rebellischen bunten Haus in Kalchesbréck sicherlich seine Freude gehabt.

Adresse 5, Rue Kalchesbréck, 1852 Luxemburg | **ÖPNV** Bus 9, Haltestelle Neudorf Kalchesbréck | **Tipp** Wohl schwerlich wird man bessere Rieslingspastetchen in der Hauptstadt finden als die in der »Pâtisserie Winandy« (17, Rue Kalchesbréck). Sie ist nur 5 Gehminuten vom Hundertwasserhaus entfernt.

52 Indische Tänzerinnen in der Kathedrale

Säulen-Yoga im katholischen Gotteshaus

Wir befinden uns im November des Jahres 1620. Die Jesuiten bauen bereits im siebten Jahr an ihrer neuen Kirche zu Luxemburg. Es ist eine schwierige Zeit. Der Dreißigjährige Krieg geht in sein zweites grausames Jahr, als der junge Bildhauer Daniel Müller aus Freiberg in Sachsen vom Rektor des Jesuitenkollegs einen neuen Auftrag erhält.

Daniel Müller hatte bereits das prächtige Eingangsportal der späteren Kathedrale an der Rue Notre-Dame nach den Vorgaben der Jesuiten gestaltet. Er orientierte sich an der klassischen Struktur eines römischen Triumphbogens und platzierte die beiden Gründer des Jesuitenordens, Ignatius von Loyola und Franz Xaverius, in den Seitennischen des Portals. Ganz im Geist der Niederländischen Renaissance ließ Müller bärtige Propheten und huldigende Engel in den Torbogen meißeln.

Die Arbeit, mit der ihn der Rektor des Jesuitenkollegs, Franciscus Aldenardus, nun betraut, betrifft die Ornamente der Trägersäulen der barocken Orgelempore im Inneren des Gotteshauses. Er solle, so heißt es im erhalten gebliebenen Auftrag, die Säulen und Kapitelle »uff Corinthisch machen«, den Schaft der beiden mittleren Kandelabersäulen »aber uff allen vier seiten mitt schonen wilden Kopfen« ausarbeiten. Aldenardus führt genau aus, mit welcher Art von Laubwerk die Säulen verziert werden sollen. Doch wie er sich die »schönen wilden Köpfe« vorstellte, geht aus besagtem Dokument nicht hervor.

Also nahm sich der Bildhauer die Freiheit, diverse Vorlagen der Jesuiten zu kombinieren. In der ansonsten kargen gotischen Kathedrale sieht man um den Säulenschaft gruppierte Tempeltänzerinnen aus Goa mit imposantem Kopfschmuck und südamerikanischer Kleidung, rundlichem Puttengesicht sowie Flügeln und yogahaft nach hinten verrenkten, schlangengleichen Beinen, die in geschuppte, rankende Pflanzensprösslinge übergehen.

Adresse Kathedrale unserer lieben Frau, Rue Notre-Dame, 2240 Luxemburg | **ÖPNV** Bus 19, Haltestelle Cathédrale | **Tipp** In der von zwei Löwen bewachten Krypta der auch als Mariendom bezeichneten Kathedrale befinden sich die Grabstätten der großherzoglichen Familie und der luxemburgischen Bischöfe. Die Krypta kann besichtigt werden.

53_ Die Josephstatue
Weitgehend unbekannter Beistand über der Stadt

Wenn man Luxemburgern erzählt, sie hätten oben über ihrer Stadt eine 24 Meter hohe Statue, die auf einem gewaltigen, begehbaren Sockel thront, schütteln die meisten nur ungläubig den Kopf. Sicherlich liegt diese Unwissenheit daran, dass die Figur die meiste Zeit des Jahres von belaubten Bäumen verdeckt wird, während ihr Pendant in Rio de Janeiro auf einem weithin sichtbaren Felsen steht. In den 1950er Jahren war die Statue noch nicht zugewuchert und von der Stadt aus gut zu erkennen.

Aber wer über gute Augen oder ein Fernglas verfügt und vom Bockfelsen aus in Richtung der Waldhöhe über Clausen schaut, kann sie auch heute noch entdecken. Auf einem mächtigen, über 60 Meter hohen Felsen steht dieser Joseph und wacht über die Stadt.

Die Josephstatue ist ein Gemeinschaftswerk von Frans Stacke, einem der bedeutendsten Bildhauer seiner Zeit, und dem Architekten Jean-Pierre Knepper aus Diekirch, der den Sockel im neugotischen Stil entwarf. Frans Stacke entstammte einer Bildhauer-Dynastie aus den Niederlanden. Dort wurde er vor allem durch seine Büste der Sarah Bernhardt bekannt, die heute im Rijksmuseum in Amsterdam zu bewundern ist.

Die Josephstatue über Luxemburg wurde im Herbst des Jahres 1888 feierlich eingeweiht. Da der Fels unmittelbar an der Statue fast senkrecht abfällt, warnen Schilder davor, nicht zu nah an den Abgrund zu treten. Der Zugang zum Sockel erfolgt über einen durch ein Geländer gesicherten, schmalen Übergang. Im Winter, insbesondere bei Eis und Schnee, sollte dieser Weg nicht benutzt werden. Der Sockel ist zwar begehbar, allerdings müsste ein Kletterer über die innen an den Wänden, wie in einem begehbaren Kamin, angebrachten Trittstufen emporsteigen. Der Aufstieg ist auch aus einem anderen Grund nicht empfehlenswert: Der obere Sehschlitz, der eine weite und freie Sicht auf die Stadt Luxemburg gewähren könnte, ist mit Brettern vernagelt.

Adresse Rue de Busbach, 2728 Luxemburg | **ÖPNV** Bus 9, Haltestelle Malakoff. Der Rue Malakoff folgen, bis rechts die Rue Jules Wilhelm abzweigt. Oben am Malakoff-Turm geradeaus, am jüdischen Friedhof vorbei, bis nach 300 Metern rechts die Rue de Busbach ins Waldgebiet führt. Nach 10 Gehminuten sieht man rechts eine Hinweistafel »Viewpoint«, die zu einem weiteren Wegweiser im Wald und zur Josephstatue führt. | **Tipp** Der Malakoff-Turm ist das letzte Festungsgebäude, das vor der Schleifung 1867 errichtet wurde. Der imposante denkmalgeschützte Turm steht in einer sehr engen Kurve in der Rue Jules Wilhelm, die bei vielen Lkw-Fahrern schon zu Nervenzusammenbrüchen führte.

54 Das Juegdschlass

Weite Sicht ins Umland, samt Bisons, Eseln und Pfauen

Das von den Besitzern der ARBED erbaute Juegdschlass (Jagd-schloss) liegt im nordöstlichsten Winkel der Stadt. Was heute wie der privilegiert gelegene Sitz aristokratischer Herrscher wirkt, ließ der größte luxemburgische Stahlkonzern 1873 als schlichte Jagd-hütte errichten. Es ist zu vermuten, dass die Jagd den Industriel-len damals vor allem der Freizeitgestaltung diente und weniger aus Gründen des Nahrungserwerbs betrieben wurde. Im Laufe der Jah-re wurde das mitten im Waldgürtel zwischen Biegerkräiz, Beggen und Eicherfeld stehende Gebäude mehrmals umgebaut und mo-dernisiert.

In seinem jetzigen Zustand wurde das dem Waidwerk gewidmete Haus 1935 verkauft, erlebte seinen Wandel zum Café und schließ-lich, 50 Jahre später, zum Café Restaurant »Juegdschlass«, das seit-dem von der Familie Barthelemy betrieben wird.

Der üblicherweise zu einem Jagdschloss gehörende Tiergarten mit Wildbestand ist hier von eher überschaubarer Größe. Auf einer Wie-se sind ein paar Amerikanische Bisons zu sehen, mit Sicherheit die größten Landsäugetiere, die in Luxemburg leben. In respektvollem Abstand zu den Büffeln grasen ein paar Esel. Gäste im Inneren des Restaurants staunen nicht schlecht, wenn im Sommer draußen auf der Terrasse die Pfauen dicht an die Scheiben heranstolzieren, keck etwas Aufmerksamkeit einfordern, um dann plötzlich ein Rad zu schlagen. Ansonsten patrouillieren die majestätischen Tiere pflicht-bewusst zwischen den parkenden Autos umher.

Was die Küche des Hauses betrifft, sei die Platte mit Luxemburger Koch- und Rohschinken empfohlen, vor allem aber der wunderbare Kochkäse, der mit selbst gebackenem Brot und Senf serviert wird. Das Stadtgebiet von Luxemburg hört unmittelbar am Jagdschloss auf. Wer auf der Terrasse sitzt, genießt an klaren Tagen einen spek-takulär weiten Blick ins außerstädtische Umland, bis hinüber nach Walferdingen.

Adresse 400, Rue des Sept Arpents, 1149 Luxemburg | **ÖPNV** Bus 10, Haltestelle Bereldange / Schoul, von dort 2,4 Kilometer zu Fuß | **Tipp** Das Jagdschloss liegt unmittelbar an einem Radweg, der 40 Kilometer lang ist, was in etwa der Breite Luxemburgs entspricht.

55 Die Jugendherberge

Der dreimalige Weltmeister

Auf der sonnigen Terrasse mit Blick ins Grüne sitzt eine Gruppe Luxemburger und unterhält sich entspannt über die beste Zubereitungsart von Miesmuscheln. Auf der Speisekarte des Restaurants »Melting Pot« gehören die Meeresfrüchte zu den Geheimtipps. In anderen luxemburgischen Restaurants würde man für eine Portion solchen Ausmaßes gut und gern das Dreifache zahlen. Und man käme nicht in den Genuss dieser grandiosen Aussicht und der ruhigen Idylle. Keine 30 Meter entfernt plätschert die Alzette, Vogelgezwitscher und Grillenzirpen sind zu hören. Über der Herberge sieht man die prächtigen Arkadenpfeiler des Pfaffenthaler Eisenbahnviadukts (siehe Ort 87). Auf dem Dach des Hauses bringen die Bienen eifrig den Nektar in ihre Bienenstöcke.

»Das hier ist ein Paradies, eine Oase«, sagt ein Gast, der seit Jahren regelmäßig im Restaurant speist. Mittags wohlgemerkt, denn dann ist es ruhig, weil die Gäste der Jugendherberge in der Stadt unterwegs sind. Die Speisekarte bietet vegetarische Lasagne mit Ziegenkäse oder marokkanisches Couscous mit Hähnchenkeule und Merguez. Aber auch luxemburgische Spezialitäten wie Weißwein-Bratwurst mit Senfsauce, Kartoffelpüree und grüne Bohnen sowie die *Mullen* (Muscheln) sind im Angebot.

Doch nicht nur das Restaurant, auch die Jugendherberge selbst ist außergewöhnlich. Schließlich war sie bereits dreimal »Weltmeister der Jugendherbergen«. Die Jugendlichen und Junggebliebenen wissen kostenloses WLAN zu schätzen, ebenso die Tischtennisplatte im Hof, die kostenlosen Parkplätze für Gäste (in Luxemburg eine Sensation) und die großen Schließfächer, in denen sie ihre Rucksäcke sicher verwahren können.

Die Jugendherberge ist auch Erfinderin des Hochbettbeets. Alte Hochbetten aus den Zimmern wurden einfach zu Kräuterbeeten umfunktioniert. Wer hätte all das im Jahr 1929 gedacht, als genau an dieser Stelle das alte Schlachthaus geschlossen wurde?

Adresse 2, Rue du Fort Olisy, 2261 Luxemburg | ÖPNV Bus 9, 14, Haltestelle Clausen, Plateau Altmunster | Tipp Hervorragende luxemburgische Spezialitäten gibt es im »Bei de Bouwen«. Das Restaurant findet man in der Rue Laurant Ménager 35, in unmittelbarer Nähe des Panoramalifts.

56 Das Kaale Kaffi

Ein Vintage-Café mit orientalischem Touch

Passanten seien gewarnt, denn von außen betrachtet könnte man dieses Café durchaus für einen Antiquitätenladen halten. Leider gehen deshalb viele durstige Seelen und Liebhaber eines guten Kaffees oder Tees hier achtlos vorbei. Wer den Raum betritt, trifft auf einen kunterbunten Mix aus Basar, Möbel-Boutique und Bilder-Café. Die übliche Tisch- und Sitzordnung hat Inhaber Mustafa konsequent aufgehoben. Sein Lieblingssatz bei der Begrüßung: Fühl dich wie zu Hause. Zwanglos macht man es sich auf einem der Sofas gemütlich oder entspannt sich in einem Sessel, in dem locker auch ein Riese Platz finden würde. Im Hintergrund läuft in dezenter Lautstärke Weltmusik, Jazz, Klassik oder Blues.

Wer allein ist, kommt hier schnell mit anderen ins Gespräch. Bei einem guten luxemburgischen Crémant, einem orientalisch zubereiteten Mokka, einem fruchtigen Montepulciano d'Abruzzo oder einem dieser phantastischen Tees, hausgemacht mit Ingwer und Zitrone, in großen alten Tassen inklusive Porzellaneinsatz – alles mit einem Lächeln serviert.

Das Café ist eine Wohlfühloase, fast wäre man geneigt, es ein Wellnesscenter für die Seele zu nennen. Wer es besonders eilig hat, sollte lieber ein andermal kommen, denn der »Kaale Kaffi« ist ein Ort, um in aller Ruhe runterzufahren und seine erschöpften Batterien neu zu laden. Das Vintage-Café existiert seit 2014. Davor war es ein Kleidergeschäft. In der unteren Etage gibt es noch einen Bestand an Kostbarkeiten und ungewöhnlichen Möbeln. Auch im Café selbst kann man viele der Bilder, Bücher, Lampen und anderen Dinge käuflich erwerben.

Nach der luxemburgischen Orthografie ist der Name »Kaale Kaffi« (kalter Kaffee) übrigens nicht ganz korrekt. Aber daran stört sich niemand. Denn es gibt ihn hier tatsächlich, diesen kalten Kaffee mit dem betont gedehnten A. An heißen Sommertagen ist er eine erfrischende Köstlichkeit, die einem den Tag versüßen kann.

Adresse 9, Rue de la Boucherie, 1247 Luxemburg | **ÖPNV** Bus 9, 14, 20, Haltestelle Um Bock/Casemates | **Öffnungszeiten** Di–So 9–24 Uhr, Mo geschlossen | **Tipp** Direkt neben dem »Kaale Kaffi« kann man in der esoterischen Buchhandlung »Scarabaeus« einschlägige esoterische Literatur erwerben und somit manches über die Blume des Lebens, Kleopatras Vorlieben oder altorientalische Schönheitsmittel erfahren.

57_ Das Kino im Vauban-Siechentor

Das kleinste Lichtspielhaus der Stadt

Es ist die reinste Dorfidylle. Man steht auf einem alten Brücken-damm, lauscht dem rauschenden Wasser der Alzette und schaut auf eine kleine Insel. Den Damm unten im Pfaffenthal nennen die Lu-xemburger *Béinchen*. Ein Begriff, der vom Wort *Béichen* für kleiner Brückenbogen abgeleitet ist. Die wuchtigen, gut erhaltenen Vau-ban-Türme zu beiden Seiten der kleinen Brücke haben die Namen ihrer mittelalterlichen Vorgängerbauten, Eichertor und Siechentor, beibehalten. Das mächtige, zweigeschossige Siechentor, dessen Ein-gang über eine Treppe erreichbar ist, birgt ein Geheimnis, das Ex-press-Reisenden meist entgeht.

Das kleine Lichtspielhaus in der oberen Etage des Turms, dessen Fenster sich automatisch schließen, wenn man eine der vier Film-sprachen gewählt hat, ist, da Schilder fehlen, nicht ganz leicht zu finden. Doch aufmerksamen Besuchern des Pfaffenthals wird die kleine steinerne Treppe zum Vaubanturm sicher nicht entgehen. Ge-rade einmal 21 Sitzplätze bietet der kleine Raum seinen Gästen, die kostenlos mit einem achtminütigen Filmbeitrag über die historische Entwicklung des Pfaffenthals informiert werden.

So erfährt man, dass der Name Pfaffenthal sich vom Begriff Pfaf-fe ableitet. Eine früher durchaus respektable Bezeichnung für die Mönche der hiesigen Benediktinerabtei Altmünster. Der Name Sie-chentor stammt vom mittelhochdeutschen »siech« für krank. Denn jenseits des Tors und seiner früheren Mauer lag der Siechenhof samt einer Kapelle für die Leprakranken. Der Ort, wo die Aussätzigen lebten, heißt heute noch Val des Bons Malades, das Tal der guten Kranken. Die Bewohner der Siechengasse, deren Häuser bis ans Sie-chentor heranreichten, hatten sich in den 1920er Jahren für seinen Abriss eingesetzt. Die Stadt jedoch ließ stattdessen die Häuser der armen Menschen abreißen. Das Siechentor steht heute noch.

Adresse Rue Vauban, 2663 Luxemburg | **ÖPNV** Bus 23, Haltestelle Pfaffenthal, Théiwesbur | **Tipp** Wer vom Siechentor zum Kirchberg (MUDAM, Philharmonie, Fort Thüngen) möchte, fährt mit der Standseilbahn nach oben zur Haltestelle Rout Bréck. Natürlich kann man die Strecke auch in umgekehrter Richtung fahren.

58 Der Klouschtergaart

Nachhaltige Landwirtschaft im urbanen Raum

Kennen Sie Glückskleerübchen, Schlangen-Knoblauch oder den Moschuskürbis? Falls nicht: Auf zum »Klouschtergaart« am Fuße des Bockfelsens! So heißt der Klostergarten, der ursprünglich 2004 als reiner Gemüsegarten angelegt wurde. Um die Sortenvielfalt der Pflanzen zu bewahren, wurde er 2013 zu einem Erhalter-Garten erweitert. Besucher können sich hier im Rahmen von Führungen zeigen lassen, wie man Saat- und Pflanzgut traditioneller und in Vergessenheit geratener Nutzpflanzen kultiviert.

Bereits im 17. Jahrhundert gab es unterhalb des Bockfelsens Terrassengärten. Ein gut gelegener Ort für den Gartenbau. Das Wasser entnimmt man der Alzette, und die Felswände reflektieren die Sonneneinstrahlung, was auch den im Schattenbereich liegenden Beeten zugutekommt. Abends und nachts geben die Felsen die tagsüber gespeicherte Wärme an die Pflanzen ab. Die Lage bot seit jeher Schutz vor kalten Nordwinden, weshalb dieser Ort zu den wärmsten der Stadt gehört. Auf einem Stich aus dem Jahr 1562 ist sogar der Weinanbau dokumentiert, der heute, gleich neben dem Klostergarten, ebenfalls wieder betrieben wird.

Dank des besonderen Mikroklimas gedeihen auch traditionelle Nutzpflanzen wie Tomaten und Zuckererbsen hervorragend. Konsequent verzichtet wird auf den Einsatz jeglicher Herbizide und Pestizide. »In den letzten 100 Jahren sind leider über zwei Drittel der früher bekannten Arten verloren gegangen«, sagt Gärtnermeister Steve Schwartz, der nicht nur den ökologischen Anbau erklärt, sondern auch das alte Wissen weitergibt.

Besucher des »Klouschtergaart« (die beste Zeit für eine Besichtigung ist von Juni bis August) können sich nicht nur theoretisch unterweisen lassen, sondern auch selbst aktiv werden. Samen von annähernd 70 Sorten werden kostenlos ausgeteilt, damit man auch in heimischen Privatgärten und Blumenkästen einen Beitrag zum Erhalt der Pflanzenvielfalt leisten kann.

Adresse Die Klostergärten findet man gegenüber der Abtei Neumünster, Zugang über die Rue Plaetis, 2338 Luxemburg | **ÖPNV** Bus 23, Haltestelle Stadgronn, Bréck | **Öffnungszeiten** nicht jederzeit zugänglich. Auf Anfrage finden Führungen mit bis zu 25 Teilnehmern statt (Tel. +352/47962867, Mo–Fr 8.30–16 Uhr, oder per Mail an parcs@vdl.lu). | **Tipp** Vom Garten aus gelangt man über einen kleinen Brückensteg, das sogenannte Stierchen, zu einem Teil der begehbaren Wenzel-Ringmauer. Man befindet sich dann auf dem Wenzel-Rundweg, der mit zwölf ausgewiesenen Stationen durch 1.000 Jahre Geschichte und zu markanten Punkten der alten Festungsstadt führt.

59 Das Konrad

Weit mehr als ein gutes Café

Die Rue du Nord, eine kleine, einen Bogen beschreibende Pflaster-
steinstraße in der Nähe des Fischmarktes, ist ja an sich schon eine
Begehung wert. Viele Besucher werden nicht wissen, dass man dort,
wo sie endet, eine phantastische Sicht hinunter ins Tal hat. Wenn es
einen Grund gibt, warum die meisten gar nicht erst bis dahin gelangen, kann es nur das Café »Konrad« sein, das sich ganz bewusst einen
kleinen Touch von Berlin-Kreuzberg zugelegt hat.

Hoch über dem Tresen hängt ein Elchkopf, dessen Geweih glücklicherweise nicht als Garderobe zweckentfremdet werden kann. Der
Elch ist eine Anspielung auf die Adresse des »Konrad«, schließlich
muss es ja in der »Straße des Nordens« Elche geben, oder? Das junge Betreiberteam legt großen Wert darauf, nicht allein für das im
Café angebotene freie WLAN, den guten Kaffee und hervorragen-
den Kuchen gelobt zu werden. Zwar haben der Möhrenkuchen und
der Brooklyn Style Cheese Cake nahezu Kultstatus, doch das »Konrad« trumpft vor allem mit seinen abendlichen Musikevents und
Partys auf.

Auf der alljährlichen Prohibitionsparty unten im Keller lässt man
zu Jazz und Swing die Roaring Twenties wieder aufleben. Mit allen
verbotenen Genüssen, die damals en vogue waren. Wer ins Lokal hin-
einmöchte, um sich der heimlichen Freude eines Mojito oder Cai-
pirinha zu widmen, muss das Passwort kennen. Danach kann zu live
gespielten Südstaaten-Chansons das Tanzbein geschwungen werden.
Jeden zweiten Montag im Monat heißt es unter der Gewölbedecke
im Untergeschoss: Bühne frei für Solokünstler, die sich am Open
Mic, dem offenen Mikrofon, ihrem Publikum stellen.

Als gute Location gilt das »Konrad« auch allen Freunden des me-
xikanischen Festtages »Dia de los Muertos«. Ende Oktober, am Tag
der Toten, blüht das Café so richtig auf. Gemäß dem altmexikani-
schen Glauben feiern die Lebenden mit den Toten gemeinsam ein
fröhliches Wiedersehen. Mit Musik, Tanz und gutem Essen.

Adresse 7, Rue du Nord, 2229 Luxemburg | **ÖPNV** Bus 9, 14, 20, Haltestelle Um Bock/ Casemates | **Öffnungszeiten** So, Mo, Di, Do 11.30 – 24 Uhr, Fr, Sa 11.30 – 1 Uhr, Mi geschlossen | **Tipp** In der Grand Rue 4 befindet sich mit dem Restaurant »Daiwelskichen« (Teufelsküche) das landesweit erste südmexikanische Restaurant.

60 Das Labyrinth

Irrgarten mit Aussicht

Wer auf dem Kirchberg im Park Central das Labyrinth in Erwartung eines solchen besucht, wird vielleicht enttäuscht sein. Das Labyrinth gehört zu den ältesten symbolischen Zeichen der Menschheit. Seit Jahrtausenden wird es auf Keramiken gemalt, in Felsen geritzt oder in Münzen geprägt. Wir finden Labyrinthe auf etruskischen Vasen oder als gotisches Bodenmosaik, wie in der Kathedrale von Chartres. Der von Peter Latz angelegte Heckengarten ist dagegen kein Labyrinth, sondern schlicht und ergreifend ein Irrgarten.

Die Begriffe Irrgarten und Labyrinth (engl. *maze* und *labyrinth*, fr. *dédale* und *labyrinthe*) werden im allgemeinen Sprachgebrauch oft miteinander verwechselt. Kurze Erklärung: Ein Irrgarten ist eine Anlage, in der man sich verlaufen, ein Labyrinth ein Ort, an dem man zum Ziel finden soll.

Im Zentrum des Irrgartens auf dem Kirchberg steht eine fünf Meter hohe, begehbare Skulptur des kanadischen Bildhauers Michel de Broin, die den Namen »Dendrite« trägt. Dendrite ist eine Anspielung auf die Form, die an sich verzweigende Zellfortsätze einer Nervenzelle erinnern soll. Das knallgelbe Kunstwerk teilt sich in drei Aussichtsplattformen, von denen aus die Besucher die Gartenanlage überschauen können. Einen Überblick erhalten sie auch über jene temporär installierten Kunstwerke, die im Zweijahresrhythmus mit dem »Labyrinth« interagieren.

Wie solch eine Interaktion aussehen kann, zeigt das Beispiel des Kunstwerks »Recto Verso« vom luxemburgischen Künstlerduo Charles Wennig und Laurent Daubach. Im »Labyrinth« wurden mehrere Schilder aufgestellt, auf deren Vorder- und Rückseite jeweils ein Wort aus der Alltagssprache steht. »Sonnen« und »Schirm« zum Beispiel. Die Besucher, die immer nur eine Schilderseite sehen können, suchen im Irrweg der Hecken nach dem richtigen Weg, um die beiden Wörter wieder zusammenzusetzen. »Irr + Garten« wäre auch ein schönes Beispiel gewesen.

Adresse Parc Central auf dem Kirchberg, 1745 Luxemburg | **ÖPNV** Tram 1, Haltestelle Coque | **Tipp** Etwa 200 Meter vom Labyrinth entfernt kann man im »Irrgarten des Kirchbergs« auf die Suche nach einem abends und nachts beleuchteten Vogelkäfig gehen. »Bird Cage« ist eine Installation der Künstlerin Su-Mei Tse.

61 Langer Banker
Ein Mann mit Weitblick

Die Figur des Bankers, der seit November 2002 vor dem Verwaltungsgebäude der DEKA Bank an der Avenue John F. Kennedy in Kirchberg steht, hat eigentlich einen normalen Körperumfang. Da der farbige Glasfaserkörper allerdings auf eine Länge von sieben Metern gestreckt wurde, erscheint er extrem schlank. Seine Urheber, die aus Berlin stammende und aus den Künstlern Hans Hemmert, Axel Lieber, Thomas A. Schmidt und Georg Zey bestehende Gruppe »inges idee«, lieben es, Figuren zu dehnen. Und das an vielen Orten: In Singapur begegnet man einem riesenhaften Schneemann, und im Eingangsbereich einer Berliner Schule werden die Schüler von einer länglichen Frau mit rotem Haar empfangen.

Der lange Mann in Luxemburg ist nach englischem Vorbild mit jenen Accessoires ausgestattet, die einen seriösen Banker so auszeichnen: ein schwarzer Regenschirm und eine unter dem Arm steckende Tageszeitung, die unabdingbare Informationsquelle für Börsen- und Wirtschaftsnachrichten.

Die Künstlergruppe »inges idee« verfügt über ein gutes Gespür, die Möglichkeiten und Besonderheiten eines Ortes auszuloten. Ihre Kunst im öffentlichen Raum möchte unmittelbare Erfahrung sein und den Blick auf andere Aspekte der Wirklichkeit lenken.

Technisch gesehen stellte die Anfertigung des 800 Kilogramm schweren Objekts, direkt neben einem viel befahrenen Boulevard platziert, durchaus eine Herausforderung dar. Bestehend aus im Schiffsbau üblichen, sturmerprobten Materialien, musste die Figur aufgrund ihrer Dimension zudem mit einem sehr schlanken, feuerverzinkten Stahlkern orkanfest in das Stahlbetonfundament verankert werden.

Dem Betrachter bleibt es überlassen, die Figur zu deuten. Naheliegend wäre beispielsweise: Auch in den stürmischen Zeiten frei flottierenden Geldes und aberwitziger Spekulationsgeschäfte gilt es standhaft Kurs zu halten. Dazu braucht es einen weiten Blick und eine gute Verankerung.

Adresse vor der DEKA Bank, 38, Avenue John F. Kennedy, 1855 Luxemburg; Hinweis:
Die DEKA möchte innerhalb der Stadt Luxemburg umziehen. Es könnte sein, dass die
Bank ihr Kunstwerk mitnimmt und es zukünftig an anderer Stelle zu finden ist. | **ÖPNV**
Bus CN4, Tram 1, Haltestelle Universitéit | **Tipp** Falls einen der Hunger plagt: Unweit des
langen Bankers findet man in der Avenue John F. Kennedy 33 den »Sushi Shop Kirchberg«.

62 D'Lëtzebuerger Stad Brauerei

Die Wiege der luxemburgischen Bierdynastie

Einst gab es viele Brauereien, die im Tal der Hauptstadt um die Gunst der durstigen Kunden warben. Heute wird nur noch in einer einzigen Kleinbrauerei im Stadtteil Clausen Bier hergestellt. Das Bier namens »Clausel« (eine Kombination aus dem Stadtteil Clausen und der ehemals hier gebrauten Marke »Mousel«) ist somit der letzte Hopfenzeuge eines Handwerks mit großer Vergangenheit. Bereits im 1083 gegründeten, in Clausen ansässigen Kloster Münster wurde Bier gebraut. Die ersten Aufzeichnungen, die einen festen Brauereistandort dokumentieren, stammen von 1511 und verweisen auf einen Ort »in der Nähe des Kanals, hinter dem Schlachthof«. Damit sind genau die heutigen Gebäude hinter dem Gasthaus »Mousel's Kantine« gemeint. Edmond Libens, der mit seinem Vater das Erbe der Braudynastie verwaltet, erzählt, dass es vor den Mönchen, die hier im Maschinenraum der alten Mousel-Brauerei vor über 500 Jahren ihre Biere brauten, bereits Generationen von Brauern gab.

Das Sudhaus mit seinem großen Kupferkessel und dem langen, schwebenden Südseeboot unter der Decke bildet ein schönes Ambiente für Feierlichkeiten aller Art. Es bezeugt auch die weltweite Reisetätigkeit der Inhaber. Neben dem Boot sind Masken und Relikte aus Afrika, Asien und Ozeanien hier zu sehen. Edmond Libens lässt in der kleinen Brauerei, die man im englischsprachigen Raum *micro brewery* nennt, neben dem traditionellen Pils auch eine an Craft-Bieren orientierte, gezwickelte, also ungefilterte Sorte mit einem Alkoholgehalt von 5,2 Prozent brauen. Er wollte damit an die alten Traditionen des Stadtteils anknüpfen, als Graf von Mansfeld hier bereits um 1563 eine eigene Brauerei besaß und die Müller entlang der Alzette für die Brände und ihren Korn die Getreidemühlen anwarfen. So gibt es nun in der Brauerei Mousel auch einen raffinierten Gin und einen Wodka auf Basis eines dreifach destillierten Getreidealkohols.

Adresse 10, Rives de Clausen, 2165 Luxemburg | **ÖPNV** Bus 14, 23, Haltestelle Tour Jacob | **Öffnungszeiten** Die aktive Mikrobrauerei kann nur nach Anmeldung und nur abends nach Produktionsende besichtigt werden (Anfragen unter info@clausel.lu). | **Tipp** Der Rives des Clausen ist die große Partymeile in der Unterstadt. Empfehlenswert ist ein Besuch der »Mousel's Kantine«. Das urige Wirtshaus bietet neben original luxemburgischen, deftigen Spezialitäten auch die hauseigenen Biere Clausel Pils und das gezwickelte Bier sowie Gin und Wodka aus der Destillerie an.

63 Die letzten Gefängnistüren

Relikte aus der Vergangenheit

Unglaublich, was die Abtei Neumünster (Neimënster), das größte Kulturzentrum Luxemburgs, Jahr für Jahr so alles auf die Beine stellt: Konferenzen, Ausstellungen, Seminare, Tanz, Theater, ein Jazz-Festival, Pantomime, Klassik, Puppentheater, Film, Bildhauerei …

Eine vollständige Aufzählung würde wahrscheinlich die gesamte Seite füllen, und man muss tief den Hut ziehen vor den Verantwortlichen, die jährlich über tausend Veranstaltungen auf die Beine stellen. Das heutige Kulturzentrum ist vielseitig und seine lange Historie überaus spannend. Die ursprüngliche Benediktinerabtei diente in der Folge als Militärhospital, Waisenhaus und bis 1984 als Männergefängnis der Stadt. Was kaum bekannt ist: Als Relikte aus dieser Zeit sind zwei Gefängnistüren erhalten geblieben, hinter denen sich eine interessante Geschichte verbirgt.

Nach aufwendigen Renovierungsarbeiten hatten der Justiz-, Kultur- und Erziehungsminister Robert Krieps und der Landeskonservator Georges Calteux vorgesehen, zur Erinnerung an die einstige Bestimmung dieses Ortes zwei Gefängniszellen im Originalzustand für die Nachwelt zu erhalten. Dass man sich schließlich auf die Erhaltung der Türen beschränkte, geschah aus folgendem Grund.

Nachdem die damaligen Gefangenen im Arbeitsraum, der heute im Volksmund *Tutesal* genannt wird, Tüten geklebt oder Korbsessel geflochten hatten, ging es zurück in die Gefängniszellen. Aus Langeweile oder warum auch immer übersäten deren Bewohner die Wände mit vulgären Wörtern, Sprüchen und Zeichnungen, die man Besuchern keinesfalls zumuten wollte. Die Wände mussten also weg, nur zwei Türen, von ordinären Hinterlassenschaften verschont, durften bleiben.

Gleichwohl gibt es hier noch ehemalige Gefängniszellen. Im einst bombensicher erbauten Quergebäude, in dem früher Schwerverbrecher untergebracht waren, residieren heute Künstler in ruhigen, komfortabel gestalteten Räumen.

Adresse 28, Rue Münster, 2160 Luxemburg | **ÖPNV** Bus 23, Haltestelle Stadgronn Bréck | **Tipp** Der jeden Sonntag stattfindende Apero-Jazz-Brunch in der Abtei Neumünster ist legendär.

64 19 Liberté

Stahlhartes Gebäude mit überraschender Füllung

Viele Jahre blühten, wie hier auf dem Foto zu sehen, auf der Avenue de la Liberté prächtige Zierkirschen. Die Kirschbaumblüten waren ein gut gewähltes Symbol für die über 90 Jahre bestehenden diplomatischen Beziehungen zwischen Japan und Luxemburg. Leider mussten die Kirschblütenbäume der Trambahn weichen, und so ist die farbenprächtige Baumpracht vor dem palastartigen Gebäude, das heute den offiziellen Namen »19 Liberté« trägt, leider nicht mehr vorhanden. Der repräsentable Bau, der zur Staatssparkasse BCEE gehört, war früher Hauptsitz des luxemburgischen Stahlkonzerns ARBED.

Viele Touristen verwechseln den Monumentalbau, der nach dem Vorbild französischer Schlösser des 17. und 18. Jahrhunderts von dem Architekten René Théry entworfen wurde, mit dem Großherzoglichen Palais. Hier auf der Bourbon-Hochebene plante die Stadt einst die Errichtung eines Nationalmuseums, doch dann erwarb der Stahlkonzern im Jahr 1919 das Terrain und baute sich einen Verwaltungstempel der Superlative. Der französische Bildhauer René Rozet schuf das Tympanon im Bogenfeld des Eingangsportals, das die Krönung Merkurs durch Viktoria darstellt. Schließlich galt Merkur auch als Beschützer des Eisen- und Stahlhandels. Doch die neoklassizistische Ornamentik im Sandstein ist sozusagen nur Fassade. Denn im Gebäude selbst befindet sich ein wahres Wunderwerk der damaligen Ingenieurskunst.

Im Inneren verbirgt sich ein riesiger Stahlbetonkern, der durch seine Verwendung den Erfolg des Stahlkonzerns verkörpern sollte. Ein wunderbares Dokument der damaligen metallurgischen Fähigkeiten. Doch jenseits aller Funktionalität vergaß man nicht die sozialen Verpflichtungen. Beim Bau ihrer Zentrale sorgte die ARBED dafür, dass es all das gab, was die Arbeitsmoral hebt: eine Bibliothek, ein Restaurant, ein Fitnessstudio, ein Casino, eine Raucherlounge, eine Kegelbahn und einen gut versteckten Weinkeller, den übrigens ein Gauleiter namens Simon 1940 erfolglos suchte.

Adresse 19, Avenue de la Liberté, 1931 Luxemburg | **ÖPNV** Bus unter anderem 9, 10, 11, 14, 19, 28, 30, Haltestelle Place des Martyrs | **Tipp** Am Place des Martyrs, gleich gegenüber dem Gebäude »19 Liberté«, steht die Bronzeskulptur »Mother and Child« des britischen Künstlers Henry Moore.

65 Die logische Bäckerei

Zu Gast bei einem Querdenker und Rebell

Ehrlich gesagt würde wahrscheinlich jeder, der die Bäckerei von Philippe Calon nicht kennt, achtlos an ihr vorübergehen. Das mag an ihrer Lage im Bahnhofsviertel liegen, in dem es zwar inzwischen auch schicke Feinkostläden gibt, aber antiquierte Stripteaseclubs und Cabarets immer noch um Besucher werben, als befände man sich in den 60er Jahren. Glücklicherweise bleiben jedoch oft Kunstinteressierte am Schaufenster der »Boulangerie logique Philippe« hängen. Es gibt Tage, da sieht man gar kein Brot in der Auslage, sondern von Monsieur Calon verfasste Kinderbücher und Gemälde kubanischer Künstler.

Wer die seit über 40 Jahren bestehende Bäckerei-Galerie betritt, findet sich staunend in einer Art Wohnzimmer wieder, in dem der Verkauf von Lebensmitteln eine eher beiläufige Rolle zu spielen scheint. Dabei wird in der Backstube des mit Bildern, Fotos und Mitbringseln aus aller Welt reich ausgestatteten Krämerladens nicht nur ein wunderbarer Stollen hergestellt, sondern auch anderes, von Hand geformtes Gebäck. Außerdem gibt es im Laden des redegewaltigen, zum jüdischen Glauben konvertierten Autors, Bäckers und Galeristen die einzigen koscheren Brote in der Stadt.

Vor vielen Jahren arbeitete Philippe Calon während eines Urlaubs in Kuba aus Solidarität mit dem Volk am Ofen einer Hotelbäckerei. Von Fidel Castro für seinen Einsatz gelobt, reiste er fortan mit seiner Frau Christel regelmäßig in die Karibik. Während der kalten Jahreszeit schließen sie nach wie vor für einige Wochen ihre Bäckerei, die sinnigerweise den Zusatz »Galerie Painture« trägt. Während in der Bezeichnung *Painture* die Wörter für Brot *(pain)* und Gemälde *(peinture)* auf elegante Art verschmelzen, hat Calon die Beschriftung an der Fassade leicht gekürzt. Die einstige »Boulangerie biologique« ist schon vor Längerem zur »Boulangerie logique« mutiert. Es dürfte die einzige logische Bäckerei der Welt sein.

Adresse 3, Rue de Reims, 2417 Luxemburg | **ÖPNV** Bus unter anderem 9, 10, 11, 14, 15, 28, 30, Haltestelle Hauptbahnhof, von dort 10 Minuten Fußweg | **Öffnungszeiten** täglich 10–16 Uhr, falls geschlossen ist, einfach klingeln | **Tipp** In der Rue d'Épernay gibt es neben den bereits erwähnten erotischen Cabarets auch Biosupermärkte, in denen man sich bei der Stadterkundung mit Säften oder Quinoa-Avocado-Sandwichs versorgen kann.

66 Loschi

Der erste Luxemburger

1935 entdeckte der Amateurarchäologe Nicolas Thill im Müllerthal das Skelett eines 1,60 Meter großen Menschen. Untersuchungen ergaben, dass es sich um einen aus dem Mesolithikum stammenden Mann handelt, der zum Zeitpunkt seines Todes etwa 60 Kilogramm schwer und zwischen 34 und 47 Jahre alt gewesen sein muss. Aufgrund des Fundorts wurde er von den Wissenschaftlern »Loschbour-Mensch« genannt und als erster Luxemburger im Großherzogtum schnell als Loschi populär. Wie beim berühmten Ötzi aus den Ötztaler Alpen wurde auch bei Loschi genetisches Material entnommen, dessen Analyse genauere Aussagen über sein Aussehen und seine Lebensweise zulassen.

Da zwei Backenzähne erstaunlich gut erhalten waren, ließ sich die komplette DNA des 8.000 Jahre alten Funds entschlüsseln. So war es möglich, die Berliner Figurenbauerin Lisa Büscher mit der äußerlichen Rekonstruktion des Urmenschen zu beauftragen.

Zunächst wurde ein Abguss von Loschis Skeletts samt rotem Sofa, seinem zukünftigen Platz, nach Berlin transportiert. Die Arbeit der Paleoartistin, die der Vergangenheit ein Gesicht geben kann, sah dann so aus: Jedes Körper-, Haupt- und Barthaar wurde Loschi einzeln ins Silikon implantiert, und in die blauen Acrylaugen wurden winzige Wollfasern eingegossen, um die feinen Äderchen so realistisch wie möglich aussehen zu lassen. Anhand von Erkenntnissen der experimentellen Archäologie bekam Loschi aufwendig von Hand genähte Kleidung, wobei auch uralte Gerbeverfahren der Fellverarbeitung berücksichtigt wurden.

Das Wachs und Silikon der Figuren bei »Madame Tussauds« muss übrigens jeden Tag gereinigt oder repariert werden, weil die Besucher die Berühmtheiten so gern anfassen. In Loschi, so wie wir ihn jetzt auf dem roten Sofa sehen, steckt viel Arbeit. Gehen Sie bitte schonend mit seinen Fingern um, damit sie ihm noch lange erhalten bleiben.

Adresse Musée national d'histoire naturelle (mnhn), 25, Rue Münster, 2160 Luxemburg | **ÖPNV** Bus 23, Haltestelle Stadgronn, Bréck (oder per Felsenlift vom Plateau du Saint Esprit) | **Öffnungszeiten** Mi–So 10–18 Uhr, Di 10–20 Uhr, Mo geschlossen | **Tipp** Im Naturmuseum ist auch das einzige Bison Luxemburgs ausgestellt, das schon einmal geflogen ist. Das in Sichtweite von Loschi neben einer Kinderrutsche stehende ausgestopfte Tier wurde samt Sockel beim Umzug des Museums per Kran durch das Dach gehoben und schwebte auf diese Weise bis in die Unterstadt an seinen neuen Platz.

67_Das Maison Santos

Der Kaffeeduft der großen weiten Welt

Erstaunlich, was die drei Frauen auf diesen nur 30 Quadratmetern in der Grand Rue so alles leisten und zaubern. Ana, Liliana und Estelle steigen mehrmals am Tag die enge Treppe in den Keller hinunter, in dem die Kaffeebohnen gelagert sind. Auf den 70 Kilogramm schweren Jutesäcken, die zuvor hier heruntergewuchtet wurden, sieht man die typischen Brandstempel: »Café de Colombia« oder »Cafes do Brasil« zum Beispiel. Über den Säcken hängen Schilder an den Wänden, auf denen ebenfalls die Herkunft der Sorten angegeben ist. »Hier kommt der Togo robusta hin. Und dort drüben stehen Java, Burundi, Guatemala und Sidamo.« Keine Ahnung, wo Sidamo liegt, gebe ich zu. Ana lächelt. »Das ist ein äthiopischer Kaffee. Er hat intensive Schokoladen- und schöne Zitrusaromen.«

Die Kaffeekennerin muss es wissen. Im »Maison Santos« finden an vielen Wochenenden Workshops statt, in denen man in die Kunst des Kaffeeröstens eingeführt wird. Bei den Verköstigungen lernt man, wie hochkomplex die Aromenvielfalt der verschiedenen Bohnensorten sein kann und dass mittlerweile jede zehnte Tasse in Luxemburg aus zertifiziertem Fairtrade-Kaffee stammt. Eine olfaktorische und gustatorische Reise rund um die Kaffeewelt ist das. Ana zeigt mir ein kleines Holzfass, das mich an Rum denken lässt, und tatsächlich steht auf dem Fass »Blue Mountain Coffee Product of Jamaica«. »Einer unserer Besten«, meint Ana und führt mich dann zum Spitzenkaffee des Hauses. Der Galapagos aus Ecuador kostet stolze 120 Euro das Kilo. »Dieser Kaffee gedeiht in den Regenwäldern der Galapagosinseln und ist eine echte Rarität. Ein nussiges, karamelliges Aroma mit Noten von Edelschokolade, Tabak, Leder und salzigen Kräutern.«

Die Rösterei »Santos« in der Groussgaass besteht bereits seit 1928. Damals waren die Hinterhöfe und umliegenden Straßen von röstigen Aromen erfüllt, und einige Luxemburger erinnern sich noch daran, wie sich dieser Kaffeeduft mit dem der Blumen des Floristen Floréal vermischte.

Adresse 55, Grand Rue, 1661 Luxemburg | **ÖPNV** Bus 7, 16, 120, 144, 192, 194, 195, Haltestelle Hamilius, von dort 8 Minuten Fußweg | **Öffnungszeiten** Mo–Sa 8–18 Uhr | **Tipp** Nur 2 Minuten von der Rösterei entfernt erwarten einen die süßen Verführungen und herzhaften Köstlichkeiten der »Pâtisserie Oberweis«. Die Rieslingspasteten sind eine Sünde wert (16, Grand Rue).

68 __ Melusina

Eine Nixe kehrt zurück

An einem schönen Platz am Ufer der Alzette sitzt seit Oktober 2015 eine magentafarbene Melusina. Es müsste in etwa die Stelle sein, an der die Nixe der Sage nach im 10. Jahrhundert in den Fluss gesprungen und für immer verschwunden ist. Der Künstler Serge Ecker hat sie zum 1.050. Jahrestag der Gründung der Stadt durch Graf Siegfried entworfen. Die mittels Software konzipierte und per 3-D-Drucker geschaffene Figur ist gleichsam eine Brücke zwischen der analogen Vergangenheit und der digitalen Zukunft.

Die Ursprünge der Melusinensage reichen zurück in die griechische, keltische und gallische Kultur. In Frankreich führte das Adelshaus Lusignan, das seine Herkunft von der Verbindung mit der Wasserfee Melusine herleitet, ein Schlangenweib im Wappen. Dies erklärt, wieso Melusina in Frankreich auch unter dem Namen Merlusigne, also »Mutter (Mere) Lusignans«, bekannt ist.

In Luxemburg ist Melusina kein Schlangenweib. Laut der Sage verirrte sich Graf Siegfried eines Tages im Tal der Alzette, wo er sich von der Schönheit und vom Gesang einer Jungfrau so beeindruckt zeigte, dass er ihr einen Heiratsantrag machte. Melusina, so ihr Name, willigte nur ein, wenn sie nie den Bockfelsen verlassen müsse und alle Samstage völlig ungestört und allein verbringen dürfe. Der Graf gestand ihr dies zu, spähte jedoch heimlich durch das Schlüsselloch, sah seine Gattin mit Schwanzflosse in der Badewanne liegen und stieß einen Schreckensschrei aus. (In der Version von Dicks ist es übrigens Melusina, die den Schrei ausstößt.) Die ertappte Melusina sprang in die Fluten der Alzette und tauchte nie wieder auf.

Im Gegensatz zur französischen Sage, in der von einem Schlangenschwanz die Rede ist, bevorzugt Luxemburg die Fischversion, weil die Schlange mit dem Teufel assoziiert wird und der Fisch ein christliches Symbol ist. Abgesehen davon ist eine Flosse natürlich auch hübscher anzusehen.

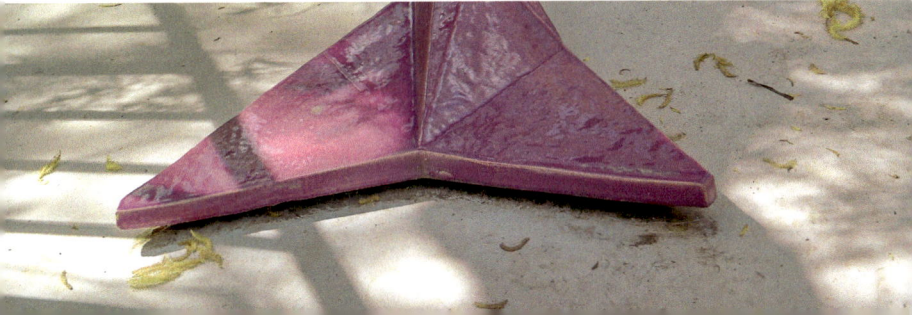

Adresse Unterhalb des Bockfelsens, gegenüber der Abtei Neumünster. Die Rue Plaetis geht hier in einen Pfad über, der entlang der Alzette direkt zur Skulptur führt. | **ÖPNV** Bus 23, Haltestelle Stadgronn, Bréck (oder per Felsenlift vom Plateau du Saint Esprit) | **Tipp** Als »echte Melusina« machte das Skelett eines in Luxemburg gefundenen Plesiosaurus Schlagzeilen. Die *Microcleidus melusinae* (!) genannte Spezies kann im Naturkundemuseum besucht werden (siehe Ort 66). Für das Discothèque-Restaurant »Melusina« gilt: erst essen, dann tanzen! (145, Rue de la Tour Jacob, 1831 Luxemburg) Melusina ist auch in einem Fenster der Kathedrale zu sehen.

69 Das Mémorial de la Déportation

Gedenkstätte am ehemaligen Hollericher Bahnhof

Nachdem die deutsche Wehrmacht am 10. Mai 1940 das neutrale Luxemburg besetzt hatte, wurde bald darauf die jüdische Bevölkerung in drei Deportationszügen von den Gleisen des Hollericher Bahnhofs zum Ghetto in Lodz gebracht. Auch die zwangsrekrutierten Luxemburger verließen vom Bahnhof Hollerich aus im Oktober 1942 ihr Land und wurden nach Deutschland und an die Ostfront abtransportiert. Von den etwa 11.200 Luxemburgern, die in die deutsche Wehrmacht eintreten oder Zwangsarbeit verrichten mussten, kehrte mehr als ein Viertel nicht in ihre Heimat zurück.

Das Mémorial ist zugleich Gedenkstätte und Museum, das am 29. Mai 1996 zur Erinnerung an den tragischen Leidensweg der Zwangsrekrutierten und Umgesiedelten eröffnet wurde. Ganz in der Nähe steht das »Monument de la déportation civile et militaire« zum Gedenken an die Opfer des Zweiten Weltkrieges. So an jene 2.906 Luxemburger der Jahrgänge 1920 bis 1927, die im Krieg gefallen sind oder als vermisst gelten, sowie an die 65 Deportierten, die im Exil starben.

Die Verwendung verschiedener Gesteinsarten hat symbolische Bedeutung. Die beiden Schieferplatten des Monuments stehen für den Landesteil des Ösling (Éislek), der Sandstein, in den drei Kreuze und drei Davidsterne gemeißelt sind, repräsentiert das Gutland (Guttland), die roten Steine an der Mauer hinter dem Monument kommen aus dem Land der Roten Erde (Minettsgéigend) und die Kieselsteine aus dem Moseltal. Die immergrüne Hecke beiderseits der Mauer steht dafür, dass die Opfer unvergessen bleiben. Betont werden muss: Neben den drei Kreuzen im Sandstein sind auch drei Davidsterne zu sehen. Man hat die jüdischen Bürger nicht vergessen. Die Dauerausstellung im Museum veranschaulicht anhand vieler Fotos, Postkarten, Briefe und Plakate das Leben der Menschen unter der Schreckensherrschaft.

Adresse 3A, Rue de la Déportation, 1415 Luxemburg | **ÖPNV** Die Regionalbahn fährt vom Bahnhof Central alle 5 Minuten Richtung Bahnhof Hollerich. | **Öffnungszeiten** Museum: Di–Do 9–11.30 und 14–16 Uhr, Fr–Mo geschlossen. Das »Monument de la déportation« ist frei zugänglich. | **Tipp** Etwa 20 Fußminuten entfernt bietet die »Brasserie des Arts« in der Rue de Gasperich 100 auf ihrer wöchentlich wechselnden Karte sehr preiswerte Menüs an.

70 — Das Mesa Verde

Die vegetarische Weltreise

Wenn man Lucien Elsen zuhört, mag man kaum glauben, wie viel in ein einziges Leben passt, wenn man es denn mit Leidenschaft füllt. Es ist ein Leben wie aus luziden Träumen gewebt. Schon früh reist er mit einem bunt bemalten VW-Bus durch Europa und den Nahen Osten, schlemmt und hört sich durch Marokko, tanzt zu senegalesischen Rhythmen, liebt und lebt intensiv in Kalifornien und vor allem Japan. Monatelang verweilt er auf einer kleinen Insel zwischen Japan und Korea, um die makrobiotische Kochkunst zu erlernen. Er rasiert sich den Schädel, erwählt Frank Zappa zu seiner Inspirationsquelle und eröffnet als Enfant terrible der vegetarischen Küche das »Shanti« in Brüssel. Doch damit nicht genug. Lucien Elsen rockt Luxemburg mit elektronischen Partys. Die Stadt entdeckt durch ihn die Weltmusik. Den Wunsch, sich auch als vegetarischer Kochkünstler zu verwirklichen, erfüllt er sich mit seiner kongenialen Partnerin Kai Kraemer.

Von ihr stammen die farbenfrohen Wandmalereien, zum Beispiel Blüten und Mandalas, im »Mesa Verde«. Die beiden eröffnen 1990 das erste vegetarische Restaurant Luxemburgs in einer kleinen Gasse der Altstadt. Mittlerweile ist das »Mesa Verde« eine Institution. Der Name ist den beiden auf einem Trip nach New Mexico eingefallen, als sie im Bus durch den Mesa-Verde-Nationalpark in Colorado fuhren. Und von all seinen Reisen hat Lucien Rezepte verschiedenster Länderküchen mitgebracht und in einem kunterbunten Kochbuch versammelt.

Die Gerichte im »Mesa Verde« kommen oft wie kleine Kunstwerke daher und heißen »Knospe von Sakura«, »Die Aromen von Bombay« oder »Extase der Sirenen«. Keine hohlen Worte. Die Poesie entfaltet sich auch kulinarisch auf der Zunge. Als Gedicht kann man ohne Zögern die Scampi-Krapfen bezeichnen. Und die Seitan-Schnitzel mit Shiitake-Pilzen sind eine wahre Augenweide. Man schmeckt die Sehnsucht nach Japan heraus.

Adresse 11, Rue du Saint Esprit, 1475 Luxemburg | **ÖPNV** Bus 19, Haltestelle F. D. Roosevelt, von dort 5 Minuten Fußweg | **Öffnungszeiten** Mittagstisch Mi, Do, Fr, 12 – 14 Uhr, Abendessen Di – Sa 18.30 – 24 Uhr, So und Mo geschlossen | **Tipp** Tolle Bücher über die Küchen der Welt (von Luxemburg bis Japan) sowie gute Literatur, vor allem Reiseliteratur und Luxemburgensia, gibt es in der nur 10 Minuten entfernten Buchhandlung »Ernster« (27, Rue du Fossé). Hier findet man auch französisch- und englischsprachige Bücher.

71 Das Michel-Rodange-Monument

Die Rehabilitierung eines geschmähten Dichters

Was ist das Schlimmste, das einem Schriftsteller widerfahren kann? Die Leser ignorieren lebenslang sein Hauptwerk! Genau das passierte dem luxemburgischen Dichter Michel Rodange. Als er im Jahr 1876 starb, hatten sich gerade einmal lächerliche 100 Exemplare seines wichtigsten Werks verkauft. Doch damit nicht genug. Rodange wurde zeitlebens auch von allen Kritikern nicht beachtet. Da nützte es auch nichts, selbst Anzeigen in einer städtischen Zeitung aufzugeben, um den Verkauf seiner Fabel »Renert« anzukurbeln.

Das Werk, dessen vollständiger Titel »Renert oder de Fuuss am Frack an a Maansgréisst« lautet, ist eine Adaption von Goethes »Reineke Fuchs« und besteht aus 14 Gesängen mit 1.513 Strophen oder 6.052 Versen. Eine monumentale Dichtung, in der Rodange kritisch und ironisch mit seinen Zeitgenossen abrechnet. Nach allen Regeln der Dichtkunst werden Pressezensur, Teufelsaustreibungen und die Pädophilie der Geistlichkeit geschildert. Und fast jede Schandtat ist einem eindeutig identifizierbaren Zeitgenossen zuzuordnen. So verwundert es nicht, dass der Autor zu Lebzeiten von all den Pfarrern und Politikern, letztlich auch von den Kritikern und Buchhändlern, totgeschwiegen wurde.

Der einstige Lehrer Michel Rodange schlug sich unter anderem als Hilfsarbeiter beim Eisenbahnbau durch, um mit gerade einmal 49 Jahren an den Folgen eines Magengeschwürs zu sterben.

Das Blatt sollte sich erst 30 Jahre nach seinem Tod wenden. Im Parlament wurden die deftigsten Passagen des Buches zitiert, da sich an vielen Missständen in Luxemburg kaum etwas geändert hatte. Dank des Kammerberichts erreichte das Werk endlich eine breite Öffentlichkeit. Knapp weitere 30 Jahre sollten vergehen, bis Michel Rodange durch die Einweihung des vom Bildhauer Jean Curot geschaffenen Denkmalbrunnens 1932 endgültig rehabilitiert wurde.

Adresse Place Guillaume II, 1143 Luxemburg | **ÖPNV** Bus 19, Haltestelle Cathédrale, von dort 1 Minute Fußweg | **Tipp** Nur 30 Meter entfernt befindet sich die Hauptstelle des »Luxemburg City Tourist Office« (LCTO). Das städtische Informationszentrum erteilt Auskünfte aller Art und hält eine Vielzahl an Materialien zu Stadtführungen bereit.

MICHEL
RODANGE
1827·1872

72 Die Mohrfelsmühle

Das Pfaffenthal gibt seinen Senf dazu

Seine Hände tief in einen Sack voller Senfkörner zu stecken ist eine wunderbare haptische Erfahrung. Die Kügelchen sorgen nicht nur für eine wohltuende Mikromassage, sondern sollen auch rheumatische Beschwerden lindern. Bemerkenswert, was man in einer restaurierten Senfmühle so alles erleben und lernen kann. Zum Beispiel anhand eines Films, in dem der letzte Senfmüller Kulturgeschichtliches und Amüsantes über seine Arbeit erzählt. Oder wenn die mittels Transmissionsriemen angetriebenen Mühlsteine zu Schauzwecken in Gang gesetzt werden und das prächtige Wasserrad mit seinen Drehungen zeigt, welche enorme Kraft das Flusswasser hat. Die Mahlrillen mussten alle zwei Monate von Müller Flohr mit der Hand nachgemeißelt werden. Im Winter liefen die Mühlsteine im Tag-Nacht-Dauerbetrieb, um nicht festzufrieren. Und wenn ein hölzernes Zahnrad defekt war, ging der Müller zum Sargschreiner, um es erneuern zu lassen.

Engagierten Pfaffenthalern rund um die Gruppe »Waasser op ons Millen« (Wasser auf unsere Mühlen) und einem niederländischen Mühlenbauer haben wir die Bewahrung dieses Wissensschatzes und die Restauration der Mühle zu verdanken, die bereits 1083 urkundlich erwähnt wird und damit eine der ältesten Mühlen des Landes ist.

Die Mohrfelsmühle, auf Luxemburgisch *Muerbelsmillen*, gehörte früher zur Abtei Neumünster, die dort das Korn ihrer ausgedehnten Ländereien mahlen ließ. Den Namen erhielt sie wegen ihrer Lage am Mohrfelsen, einer schwarz verwitterten Felswand, die sich gegenüber der Mühle erhebt.

Unter französischer Herrschaft, als man die Klöster enteignete, wurde die Mühle an einen Müller verkauft. Vor 100 Jahren kam der damalige Besitzer Karl Hartmann auf die Idee, statt Getreide Senfkörner zu mahlen und eine Senffabrik zu gründen. Vor der Stilllegung der Mühle im Jahr 1985 lag die Produktion bei stattlichen 450.000 Kilogramm Senf pro Jahr.

Adresse 69, Rue Mohrfels, 2158 Luxemburg | **ÖPNV** Bus 9, 14, 20, Haltestelle Plateau Altmünster, von dort 10 Minuten Fußweg | **Öffnungszeiten** Sa und So 14–18 Uhr. Der Eintritt ist frei. | **Tipp** Den letzten Taubenzüchter im Pfaffenthal findet man in einem Haus in der Rue Mohrfels schräg gegenüber der Nummer 33.

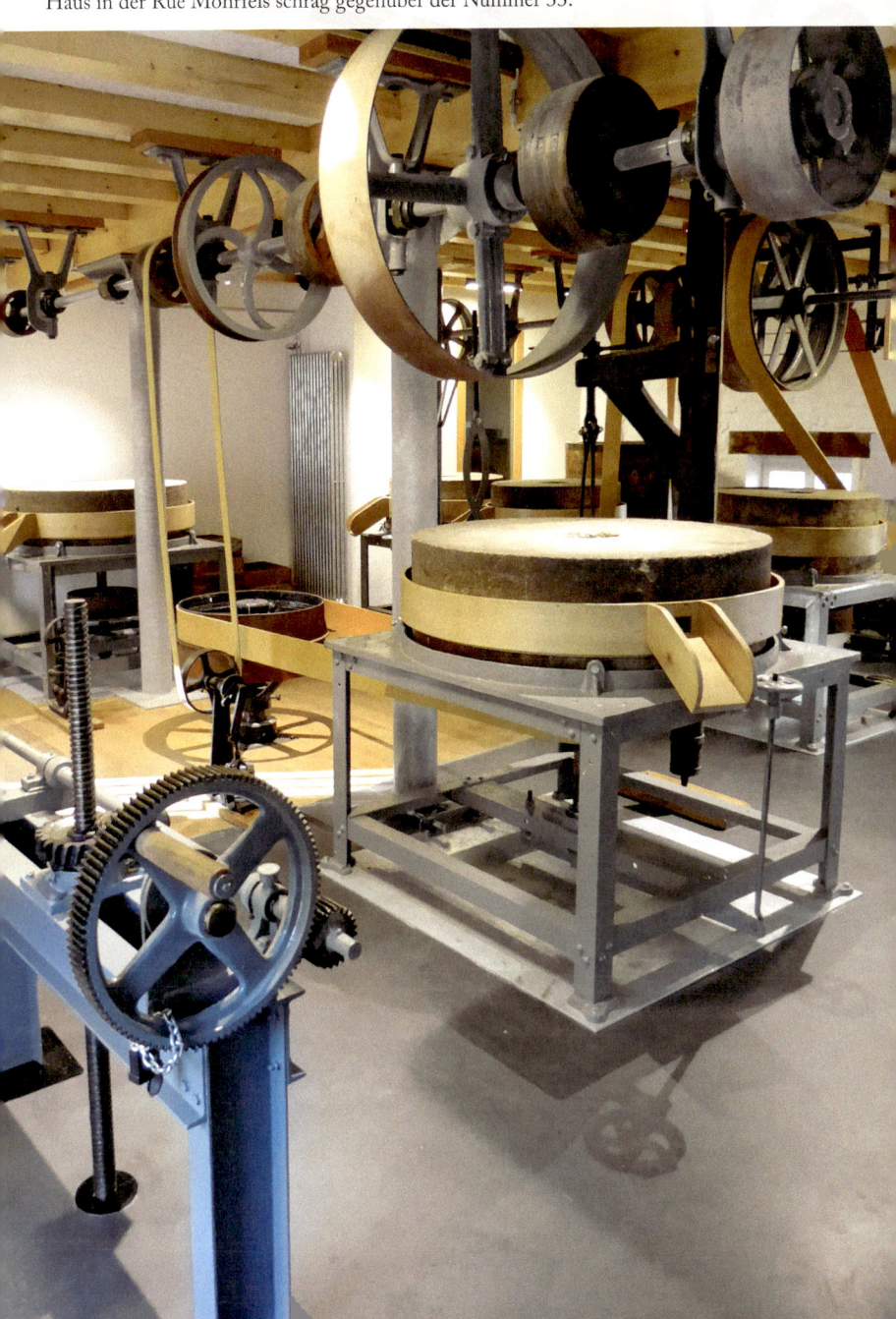

73 Das MUDAM-Café
Ein Ort, der gute Laune macht

Das vom Stararchitekten Ieoh Ming Pei konzipierte Café im MUDAM, dem Museum für zeitgenössische Kunst, ist der reinste Stimmungsaufheller. Angela Merkels Worte »Endlich sind alle Europäer unter einem Dach vereint« wurden in diesem Café erstmalig ausgesprochen. Mit dem von ihr erwähnten Dach ist das Kunstwerk der beiden Designer Erwan & Ronan Bouroullec gemeint, das aus thermoformierten Stoffziegeln besteht und einen fröhlichen »Himmel« darstellt.

Der Museumsarchitekt Ming Pei gilt auch als ein Meister der Lichtgestaltung. Das Café, in dem die Besucher neben einem Ficusgarten an zwei langen Holztischen sitzen können, ist dank der gewölbten Verglasung der Decke von Licht durchflutet.

Die helle Atmosphäre wird durch den honigfarbenen Magny-Doré-Stein noch verstärkt, da er das einfallende Licht sanft schimmernd reflektiert. Dieser aus dem Jura stammende Kalkstein wurde von Ming Pei auch schon bei der Erweiterung des Pariser Louvre verwendet. Er ist ein Oolith, ein mit feinsten Partikeln von Muschelschalen angereichertes Sedimentgestein. Im Auftrag wurde seinerzeit genau festgelegt, dass die Muscheleinschlüsse nicht größer als neun Millimeter sein dürfen. Eine solche Gesteinsart fand sich weltweit nur an einem einzigen Ort: im fernen Amerika in New Hampshire.

Die Küche des Cafés, in der ausschließlich lokale Produkte verwendet werden, ist auf exquisitem Niveau, ohne überteuert zu sein. Die Rieslingspasteten *(Pâté et gelée au Riesling)* sind ein Gedicht. Der Eistee (zum Beispiel mit Kardamom, Zitrone und Ahornsirup verfeinert) ist selbst gemacht. Und der Coffee Shot verdient das Prädikat genial.

Die wie der gesamte Raum ohne Ecken und Kanten gestaltete Theke wartet übrigens mit einer originellen Besonderheit auf. Wenn man mit dem Fingerknöchel leicht auf die verschiedenen Steine klopft, kann man ihnen Töne entlocken. Die Theke ist also auch eine Art steinernes Xylofon.

Adresse Musée d'Art Moderne Grand-Duc Jean (MUDAM), 3, Park Dräi Eechelen, 1499 Luxemburg | **ÖPNV** Bus 7, 16, 120, 144, 172, 192, 194, 195, Haltestelle B.E.I. | **Öffnungszeiten** Do–Mo 10–18 Uhr, Mi 10–23 Uhr, Di geschlossen | **Tipp** Im MUDAM befindet sich eine sehr sehenswerte, gotisch inspirierte Kapelle des belgischen Künstlers Wim Delvoye, für deren Fensterscheiben Motive von Röntgenaufnahmen verwendet wurden.

74 Die Napoleonstatue

Zerstört, neu errichtet, unter Kohlen versteckt

Noch heute lässt sich fast jeder der Schritte nachvollziehen, den Bonaparte bei seinem Aufenthalt in der Stadt Luxemburg am 9. und 10. Oktober 1804 machte. Er kam über Wasserbillig aus Trier und erreichte die Stadt in Höhe des Fetschenhofs, nahm zuerst Kontakt zu den Militär- und Zivilbehörden auf und besuchte dann das Tal und den Grund, wo er die eindrucksvolle Alzettebrücke beschritt (siehe Ort 2). Auf der anderen Seite wurde er von Geistlichen der Stadt empfangen, bevor man ihm auf dem Markt ein Fischgericht servierte.

Bei seinem Treffen mit den Oberen der Stadt sind wohl jene Worte gefallen, die im katholisch geprägten Luxemburg auch heute noch so gern zitiert werden. Als man Napoleon die Stadtschlüssel übergeben wollte, soll er diese mit den Worten abgelehnt haben, er bräuche sie nicht, sie seien bei der Stadtpatronin im Mariendom besser aufgehoben.

Im Grund befindet sich heute, in einer Ecknische über der Gartenterrasse des Gasthofs »Bosso«, eine Statue, die an den Besuch Napoleons unweit dieser Stelle erinnern soll.

Als Erster, der Gipsstatuetten des hochgeschätzten Kaisers Napoleon aufstellte, gilt der Müller Pierre Hastert, dessen Mühle auch »Maison Napoléon« genannt wurde. Seine Napoleonfigur, die in einer Nische eines Anbaus seiner Mühle stand, wurde jedoch später beim Abzug der preußischen Garnison 1867 zerstört. Die Verehrung des französischen Kaisers und Feldherrn war so groß, dass die gusseiserne Nachbildung der Statue von den Luxemburgern jeweils am 15. August, dem Geburtstag Napoleons, mit Blumen und Kerzen geschmückt wurde. Auf Initiative des »Cercle Napoléon« wurde sie während des Ersten Weltkrieges von einer Familie unter einem Haufen Kohlen versteckt, um sie vor Plünderern zu schützen. Von der Statue Napoleons existieren heute noch drei weitere Repliken, von denen sich eine in Privatbesitz befindet.

Adresse Gasthof Bosso, 7, Bisserweg, 1238 Luxemburg | **ÖPNV** Bus 23, Haltestelle Stadgronn, Bréck (oder per Felsenlift vom Plateau du Saint Esprit) | **Öffnungszeiten** Fr–So 11–1 Uhr, Di–Do 17.30–1 Uhr, Mo geschlossen | **Tipp** 50 Meter weiter, in der Rue Münster 4, bietet das Restaurant »Kamakura« eine sehr gute japanische Küche, ohne jedes Zugeständnis an die Gewohnheiten europäischer Gaumen.

75 Der Nuesenheini

Erinnerung an einen fröhlichen Kinobesucher

An einer Hauswand in der Rue de L'Eau prangt ein steinerner Kopf, der sich den Passanten mit riesiger Nase entgegenstreckt. Im Volksmund ist er als *Nuesenheini* (Nasenheini) bekannt. Einige nennen ihn auch *Nuesenernie* oder einfach nur *De Fratz'*. Aber wer war dieser heiter gestimmte Mann?

Reisen wir zurück, an den Anfang des letzten Jahrhunderts. Um 1903 begannen in Luxemburg die ersten Filmvorführer ihre Projektoren in den Sälen von Hotels oder Clubs aufzubauen. Im Hauptsaal des Volkshauses, das unter den Luxemburgern *Versoffener Rosenkranz* genannt wurde, gab es ab 1909 nur moralisch unbedenkliche Filme zu sehen.

In der Rue de L'Eau stand das allererste Lichtspielhaus der Stadt, das »Cinéma de la Cour«. Hotelbesitzer Nicolas Medinger hatte hier 1912 einen seiner Säle zum Kinematograph-Theater samt Fürstenloge umgebaut. Es war die große Zeit der Stummfilmstars wie Asta Nielsen sowie die der ersten Filmerzähler, die tonlose Bilder mit witzigen Kommentaren begleiteten. Neben Dramen zeigte man, unter den strengen Augen der katholischen Filmzensurbehörde, bald auch Komödien. Die liberale »Luxemburger Zeitung« bezeichnete sie als »Humoresken, die in ihrer exorbitanten Drolligkeit auch die Anspruchsvollsten zum Lachen zwingen«. Einen Besucher muss es zu jener Frühzeit des Luxemburger Kinos vor Lachen besonders oft vom Sitz gehauen haben. Sein Gelächter soll so ansteckend gewesen sein, dass ein Steinmetz eine Nachbildung seines Kopfes über dem Eingangsportal des Kinos »Cinéma de la Cour« platzierte.

In den letzten drei Jahren seiner Existenz retteten auch erotische Streifen wie »Shameless Desire« oder »Ungezähmte Erotik« das Kino nicht mehr vor dem Niedergang. Zehn Jahre lang grinste der Kopf nach der Schließung noch über dem Portal, bis das Kino schließlich 1981 abgerissen wurde. Allein der lachende Kopf ist als Reminiszenz an dieses Lichtspielhaus erhalten geblieben.

Adresse 22, Rue de L'Eau, 1449 Luxemburg | ÖPNV Bus 19, Haltestelle Cathédrale oder Kasinosgaass | Tipp Nur wenige Meter entfernt, in der Rue de L'Eau 32, in der L'îlot gastronomique, lädt das Restaurant »Péckvillchen« zur Einkehr ein. Beim Namen des Lokals handelt es sich um eine aus Ton gebrannte Vogelpfeife, die traditionell am Ostermontag auf dem *Emaischen*, einem Markt in Nospelt, und auf dem städtischen Fischmarkt verkauft wird.

76 Non Violence

Give peace a chance

Die weltweit bekanntesten Friedenssymbole sind an einer Hand abzuzählen: das Peace- und das Victory-Zeichen, die weiße Friedenstaube auf blauem Grund und der Olivenzweig. In den 80er Jahren schuf der schwedische Künstler Carl Fredrik Reuterswärd mit seinem Werk »Non Violence« ein weiteres Symbol der Gewaltlosigkeit: die berühmte Pistole mit dem eleganten Knoten im Lauf. Zwei der drei ersten Versionen der Skulptur wurden 1988 vom Großherzogtum Luxemburg erworben. Eine von ihnen steht heute vor dem Hauptsitz der Vereinten Nationen in New York. Der verknotete Colt Python 357 Magnum-Revolver vor dem UN-Gebäude ist ein symbolträchtiges Geschenk Luxemburgs an die internationale Organisation. Während die dritte Version des Originals heute in Malmö steht, fristete die zweite, wesentlich kleinere Skulptur, von der Öffentlichkeit kaum wahrgenommen, lange Zeit auf dem Kirchberg hinter dem Jean-Monnet-Gebäude ihr friedliches Dasein.

An ihrem neuen Ort im Parc Central, unmittelbar am See vor der Coque (siehe Ort 23) und in Nachbarschaft anderer Kunstwerke, erhofft man sich mehr Aufmerksamkeit für das Friedenssymbol. Mittlerweile gibt es weltweit über 20 Repliken dieses verknoteten Revolvers, so unter anderem in Los Angeles, Miami, Kapstadt, Johannesburg, Liverpool, London, Paris, Stockholm und seit 2005 auch im Garten des Bundeskanzleramtes in Berlin.

Bereits 1969 hatte Reuterswärd eine Serie kleinerer Non-Violence-Figuren gezeichnet, inspiriert durch das sogenannte Bed-in von Yoko Ono und John Lennon, mit dem Reuterswärd befreundet war. Ausschlaggebend für die Revolver-Skulptur sei Lennons Lied »Give Peace a Chance« gewesen. Nachdem der Ex-Beatle am 8. Dezember 1980 in New York erschossen worden war, etablierte sich der Colt als Lennons Vision von Frieden und Symbol der weltweiten Non-Violence-Bewegung, die für Gewaltlosigkeit und Völkerverständigung eintrat.

Adresse Parc Central, am See vor der Coque, 2167 Luxemburg | **ÖPNV** Tram 1, Haltestelle Coque | **Tipp** Die Skulptur »La grande fleur qui marche« von Fernand Léger, dem Lehrer von Carl Fredrik Reuterswärd, steht, nur 15 Minuten Fußweg entfernt, vor der Hausnummer 42 in der Avenue John F. Kennedy.

77 __ L'Observatoire

Eine Bar im Dialog mit der Stadt

Dieser Bar liegt eine ganze Stadt zu Füßen. Den phantastischen Blick von der achten Etage des Hotels »Sofitel« aus konnten bereits die Besucher der früheren »Coco-Mango Bar« genießen. Nun trägt der Hotspot den Namen »L'Observatoire« und tritt mit frischen Ideen in einen außergewöhnlichen Dialog mit der Stadt. Eine der Neuerungen ist der dunkle Teppich der Bar, auf dem nun, als weißes Muster, der Verlauf einiger Straßen Luxemburgs zu sehen ist.

Durch die riesigen Fenster können die Gäste nachts in der Ferne die erleuchtete Philharmonie mit ihren 823 weißen Säulen sehen. Dieser Ausblick muss den Innenarchitekten dazu inspiriert haben, den Tresen der Bar mit ebensolchen weißen Säulen zu versehen. Sie korrespondieren gleichsam mit dem fernen Lichterglanz der Philharmonie. Werden sie bunt illuminiert, verwandelt sich das »L'Observatoire« in eine futuristische Skybar.

Observatoire bedeutet auf Deutsch Sternwarte, und in der Tat mutet die Bar in luftiger Höhe wie ein Raumschiff an. So verwundert es auch nicht, dass die Drinks in diesem Spaceship, das so elegant über dem nächtlichen Lichterglanz der Stadt schwebt, als interstellare Cocktails bezeichnet werden. Wer an dem langen, erleuchteten Tresen Platz nimmt, kann nicht nur den Barkeepern beim Mixen, Schütteln und mancher Flairbartending-Einlage zuschauen, sondern auch viel über feine Neuinterpretationen ihrer Cocktails erfahren. Empfehlenswert wäre ein »Olda Rica«, ein interessanter Mix aus Costa-Rica-Rum, Galliano-Likör, Tia Maria, Tonka Bitter und Orangenschale. Oder ein »Rhubarb Fizz«, zu dessen Ingredienzien Holunderblüten zählen. Und wenn man Glück hat, tauchen auch noch berühmte Menschen auf. Wie vor einiger Zeit der Schriftsteller Mario Vargas Llosa oder Cyndi Lauper, die sich hier ans Pult des DJs begab, um eine Stunde lang im Raumschiff »L'Observatoire« den Ton anzugeben.

Adresse 35, Rue du Laboratoire, 1911 Luxemburg | **ÖPNV** Bus 29, Haltestelle Al Molkerei | **Tipp** Unweit des »Sofitel«, im »Stade Achille Hammerel«, fand 1971 das landesweit erste Open-Air-Rockkonzert statt, bei dem die Band Deep Purple auftrat. Das Fußballstadion ist heute Heimat des Clubs Racing FC Union Lëtzebuerg.

78__OUNI
Organisch – Unverpackt – Natürlich

Kann man sich eine Welt vorstellen, die ohne Verpackungen auskommt? Eine Luxemburger Kooperative, die von sieben Frauen gegründet wurde, ist mit einem Preis ausgezeichnet worden, der sich genau dieser Frage widmet. Ihre Innovation heißt Weglassen, und ihr erster verpackungsfreier Bio-Supermarkt in Luxemburg nennt sich OUNI.

OUNI bedeutet auf Luxemburgisch »ohne« und steht zugleich für »Organic Unpackaged Natural Ingredients«. Denn anders als im herkömmlichen Supermarkt können Kunden hier unverpackte, natürliche Lebensmittel, Pflegeprodukte und Haushaltswaren einkaufen.

Wer den heimeligen Laden betritt, glaubt zuerst, in einem kleinen Bio-Back-Café zu sein. An einer Theke werden Baguettes, Dinkelcroissants, aber auch Butter, Quiches, Käse und Oliven verkauft. Eine Kundin hat es sich mit einem Cappuccino in einer Ecke bequem gemacht. Eine andere nimmt einen Schluck vom kostenlos angebotenen Wasser mit frischen Zitronenscheiben, dann fällt ihr Blick auf die frischen Feigen, die gerade im Angebot sind. Gleich daneben gibt es Kaffeebohnen, »Transfair Speedy« steht auf dem an der Wand montierten Spender, unter dem kleine Stoffsäcke zum Abfüllen bereitliegen. An einer Wandtafel wird der Einkauf kurz erklärt. Kunden bringen ihren eigenen Behälter mit, wiegen ihn ab und können sich die benötigte Menge dann selbst abfüllen.

So klein, wie zuerst gedacht, ist der Laden nicht, denn im hinteren Teil gelangt man in einen großen Raum. Neben frischem Obst, Gemüse und Kräutern findet man hier, aufbewahrt in Spenderbehältern und großen Gläsern, unter anderem Nudeln, Reis, Hülsenfrüchte und Gewürze. Essig und Öl werden aus Kanistern in kleine Flaschen gefüllt, Eier in mitgebrachten Kartons verpackt, Käsestücke in Papier gewickelt. Auch Shampoo und Waschmittel kann man sich abfüllen. Endlich kein Plastik mehr. Nicht nur die Weltmeere würden sich mehr solche Läden wünschen.

Adresse 55, Rue Glesener, 1631 Luxemburg | **ÖPNV** Bus 19, Haltestelle Commerce, von dort 5 Minuten Fußweg. Vom Hauptbahnhof aus sind es 10 Minuten bis zum OUNI-Laden. | **Tipp** Nicht weit entfernt vom verpackungsfreien Laden, in der Rue Glesener 7, heißt das Restaurant »Flowers Kitchen« Anhänger der fleischlosen Lebensweise willkommen.

79 Der Panoramalift

Sanfte Mobilität mit guter Aussicht

Die Topografie der Stadt Luxemburg, dieser Wechsel zwischen ihren im Tal gelegenen Stadtteilen und der Oberstadt, ist zweifelsohne äußerst reizvoll. Das damit verbundene Auf und Ab war für Radfahrer und Fußgänger über Jahrzehnte allerdings auch eine sportliche Herausforderung.

Lange Zeit war der Lift, der einen vom Heilig-Geist-Plateau in der Oberstadt durch die Felsen nach unten, in den Stadtteil Grund, brachte, das einzige Transportmittel. Doch seit 2016 gibt es Alternativen für Radfahrer und Fußgänger, um den Höhenunterschied von 65 Metern auf bequeme Weise zu bewältigen. Neben der Funiculaire, der Standseilbahn (siehe Ort 100), fährt nun auch ein gläserner Panoramalift hinunter ins Pfaffenthal. Er befindet sich am Ende der Rue du Pont, einer Sackgasse, die idealerweise direkt bis an den Rand des Hangs führt. Der Lift wurde bereits in der Planungsphase mit den Begriffen Geschwindigkeit, Sicherheit und Komfort angepriesen. Dabei sollte man aber nicht vergessen, dass dieses Beförderungsmittel vor allem eins bietet: eine phantastische Aussicht. Diese gewährt auch schon die Plattform am Ende der zum Fahrstuhl gehörenden Fußgängerbrücke. Zumindest für jene, die einen kleinen Nervenkitzel zu schätzen wissen. Im Boden ist eine schmale Glasplatte eingelassen, auf die man sich stellen und in die tiefe Schlucht hinunterblicken kann.

Eine Multimedia-Ausstattung in der Kabine erlaubt es, sich während der 30 Sekunden dauernden Fahrt kostenfrei mit dem Netz »Citywifi« zu verbinden. Auf einem Bildschirm werden Datum und Uhrzeit, die jeweilige Höhe sowie die Fahrtrichtung angezeigt (mittels Pfeilen, falls jemandem unterwegs Zweifel kommen). Im Falle der Überschreitung des maximalen Beförderungsgewichts leuchtet unübersehbar *Overload* auf. Und als Letztes: Auch im Winter ist die gute Aussicht dank elektrisch beheizter Kabinenverglasung gewährleistet.

Adresse Rue du Pont, 2344 Luxemburg | **ÖPNV** Oberstadt Bus 8, 12, Haltestelle Fondation Pescatore (der Lift liegt am Ende des Parks), Unterstadt Pfaffenthal Bus 23, Haltestelle Théiwesbur | **Tipp** In unmittelbarer Nähe des Aufzugs, in der Rue Laurent Ménager 26, befindet sich eine kleine käseknabbernde Maus aus Granit. Der leicht zu übersehende Nager ist ein Kunstwerk des Steinmetzes und Restaurateurs Robert Granella, der auch gemeißelte Chimären und Salamander in der Stadt versteckt hat.

80 Der Park Mansfeld

Lustschloss und Fürstenresidenz samt Terrassengärten

2017 wurde im Alzettetal in Clausen ein kleiner Park mit einigen wenigen Ruinen eröffnet, der trotz der vielen Schautafeln nur schwer erahnen lässt, welch prachtvolle Anlage sich hier einst befand.

»La Fontaine« hieß das Renaissanceschloss, das Graf Peter Ernst I. von Mansfeld 1563 hier errichten ließ. Wie inmitten einer riesigen Theaterbühne lag die von steil aufragenden Felswänden umgebene und zur Stadt hin offene Schlossanlage. Man sprengte Felsen und leitete sogar die Alzette um. Springbrunnen und antik anmutende Becken wurden mit Quellwasser gespeist. Hinter den Terrassengärten stand das eigentliche Schloss mit Wohnturm, großer Galerie und dreitürmigem Eingangsflügel.

Mehr als 40 Jahre dauerten die Bauarbeiten. Der Graf kaufte über 20 Häuser von der Abtei Neumünster und veranlasste die Verlegung der Straße zwischen Neudorf und Clausen, um Platz für seine mehrterrassigen Gärten zu schaffen. Zahlreiche Bewohner mussten ihre Wohnungen verlassen. Wie die acht Hektar große, prunkvolle Schlossanlage ausgesehen hat, ist auf alten Zeichnungen zu sehen.

Teil der Inszenierung war unter anderem eine Grottenlandschaft samt Neptunbrunnen und eine auf einem Wal reitende Venus. Zu den zentralen Elementen gehörten die über das ganze Grundstück verteilten römischen Antiquitäten sowie die von der italienischen Renaissance inspirierten Brunnen, palastartige Gebäude und ein Tierpark im Neudorfer Tal, der sich über die umliegenden Hügel erstreckte.

Im hohen Alter von 73 Jahren ließ der Graf eine Inschrift am Eingang seines Hauses anbringen, die all die Brunnen und Gebäude Gott, seinem König und der Ruhe seines Alters widmete. Doch es nützte nichts, das Ende der Bauarbeiten sollte Mansfeld nicht mehr erleben.

Hochverschuldet schenkte Mansfeld testamentarisch sein Schloss mit den dazugehörenden Gemälden und Skulpturen der spanischen Krone, die nach Mansfelds Tod 1604 das Schloss und Gelände als »Casa y Fontana Real« weiterführte.

Adresse Allèe Pierre de Mansfeld, 2118 Luxemburg | **ÖPNV** Bus 9, 14, 23, Haltestelle Clausener Bréck | **Tipp** Der Britannia Pub an der Ecke der Allèe Pierre de Mansfeld ist etwas für Sportfreunde und bietet alles an, was britische Herzen höher schlagen lässt: vom ausgezeichneten Cider bis hin zum seidig-schaumigen Guinness.

Schloss Mansfeld

Château de Mansfeld
Mansfeld House

Die Geschichte des Ortes

L'histoire du site
The story of the site

81 Der Park Tony Neuman

Im Reich des Taschentuchbaums

Als der französische Ordensbruder Armand David, der den Lazaristen angehörte, 1868 in China einen Baum entdeckte, dessen weiße Blüten ihn an Hunderte in der Sonne wehende Taschentücher erinnerte, war der Weg zum französischen Vulgärnamen *Arbre aux mouchoirs* nicht mehr weit. Auch im Englischen und Deutschen heißt das auffallend schön blühende Gewächs Taschentuchbaum. Es sollte allerdings 35 Jahre dauern, bis sie auch in europäischen Gärten Wurzeln schlugen. Einige prächtige Exemplare des Taschentuchbaums findet man im Tony-Neuman-Park im Stadtteil Limpertsberg. Benannt ist er nach dem Notar Antoine (Tony) Neuman, der ihn 1959 hinter seiner Villa von dem niederländischen Gärtner Alphonse Hollman anlegen ließ und später dem Roten Kreuz vermachte.

Die leicht abschüssige Anlage, die jederzeit zugänglich ist, gehört sicherlich zu den Geheimtipps für Besucher der Stadt. Auch wenn der Park, der exakt 537 Bäume beheimatet, kein Arboretum im klassischen Sinne ist, kann man hier einige interessante und seltene Gewächse bestaunen. Zum Beispiel die Immergrüne Eiche, die Mähnen-Nutka-Zypresse, die Weihrauchzeder, zahlreiche Riesenmammutbäume, den Geweihbaum in der Unterfamilie der Johannisbrotgewächse und auch die Echte Sumpfzypresse.

Neben drei Skulpturen von Shamaï Haber, Henri Laurens und Lucien Wercollier gibt es im Park eine weitere Pflanzenrarität, die man auch als kleine Sensation bezeichnen kann. Dabei handelt es sich um eine erst im Jahr 1994 in Australien entdeckte Baumart, die lange nur aufgrund Millionen Jahre alter Fossilienfunde bekannt war und als ausgestorben galt. Die erst 15-jährige *Wollemia nobilis* ist ein zu den Araukariengewächsen zählender Urbaum, der von einem begeisterten luxemburgischen Dendrologen aus Samen gezogen wurde und nun, klimatisch durchaus eine Herausforderung, eine neue Bestimmung im Tony-Neuman-Park gefunden hat.

Adresse Limpertsberg, 2428 Luxemburg. Der Haupteingang befindet sich an der Avenue de la Faïencerie, Nummer 162A. | **ÖPNV** Bus 30, Haltestelle Centre Universitaire | **Tipp** Südlich des Tony-Neuman-Parks, etwa 1 Kilometer entfernt, liegt das Glacisfeld. Dort geht es jedes Jahr Ende August, Anfang September hoch her, wenn der größte Jahrmarkt der Stadt abgehalten wird.

82 Péiter Onrou

Voodoo-Zauber in Luxemburg

In einer Felsnische am Crispinusfelsen ist eine alte, mysteriöse Pilgerstätte erhalten geblieben. Man findet sie an einem Treppenaufgang oberhalb der Einmündung der Glacis- in die Eicherbergstraße. An manchen Tagen stehen dort brennende Kerzen, die eine christusähnliche Figur beleuchten. Bei genauerer Betrachtung sieht man im Wachs der Kerzen Stecknadeln. Weitere Nadeln liegen daneben auf dem Fels, andere auf der Treppe.

Keine Dokumente belegen, wann die lebensgroße Statue, die im Volksmund *Péiter Onrou* (Peter Unruh) genannt wird, an diesen Ort gelangt ist. Sie liegt unter einem gekreuzigten Jesus. Bauchige Gitterstäbe wölben sich den Besuchern entgegen und legen die Vermutung nahe, die auch als Crispinius bekannte Figur solle vor Annäherungsversuchen jeglicher Art geschützt werden. Denn der hier verehrte, mit einer stilisierten wallenden Lockenpracht ausgestattete Heilige weist bereits schwarze Verfärbungen auf, die mit Sicherheit auf umgefallene brennende Kerzen zurückzuführen sind. Auch wurde die Figur, bevor es das Gitter gab, nachweislich schon einmal entwendet. Man fand sie aber, gut versteckt auf dem Dachboden des Cercle-Gebäudes, zum Glück wieder.

Hinter den mysteriösen Nadeln in den Kerzen verbirgt sich ein alter Aberglaube. Eine portugiesische Frau, die nicht genannt werden möchte, erklärte mir »den Zauber«, der so schon seit Generationen angewendet wird.

Frauen, die argwöhnen, ihre Männer wären untreu, stecken zwei Nadeln in eine Kerze, die den Körper des Mannes repräsentieren soll, und entzünden sie, damit der Mann zu ihnen zurückkehrt. Die beiden Nadeln bereiten dem Mann einen doppelten Schmerz, den dieser als Stich ins Herz empfinden soll, wenn das Feuer der Kerze die Nadeln erreicht und diese glühend abspringen. Ist die Rückkehr des Mannes dagegen nicht mehr erwünscht, wird die Kerze über und über mit Stecknadeln gespickt.

Adresse Ecke Rue des Glacis und Côte d'Eich, 1480 Luxemburg | **ÖPNV** Bus 24, Halte-stelle Lycée Robert Schuman | **Tipp** Geht man die Côte d'Eich abwärts, führt rechts die Rue Laurent Menager ins wunderschöne Pfaffenthal und an den Fluss Alzette hinunter.

83 Pepino, der Clownhydrant
Die fröhlichen Trinkwasserspender

Wer kennt sie nicht, die angerosteten, oft leicht bemoosten Überflurhydranten? Sie werden von den örtlichen Wasserversorgern installiert und unter anderem zur Entnahme von Löschwasser genutzt. In vielen Städten sehen die Hydranten so unansehnlich aus, dass man sie als Bewohner längst ausgeblendet hat und gar nicht mehr wahrnimmt. Das übliche Hydrantenmodell verfügt über zwei seitliche Abgänge mit genormten Kupplungen, an denen Schläuche befestigt werden können. Da diese Anschlüsse wie kleine Ärmchen einer Figur aussehen und es immer auch einen Hydrantenkopf gibt, liegt es gar nicht so fern, wie in Luxemburg geschehen, Hydranten in Gestalt eines Clowns als Trinkwasserspender zu nutzen.

Insgesamt stehen im Stadtgebiet neun mit einem elegant geschwungenen Aluminiumbecken versehene Trinkwasserspender, an denen vor allem Erwachsene ihren Durst löschen. Sie heißen *O'Claire (eaux claires)*, was auf Deutsch so viel heißt wie »klares Wasser«. Hier kann man mit einem Liter ganz nebenbei 15 bis 20 Prozent seines täglichen Kalziumbedarfs decken. Zusätzlich gibt es fünf als Clowns verkleidete Hydranten namens Pepino in der Stadt. Sie richten sich so offensichtlich an Kinder, dass die meisten Erwachsenen gar nicht auf die Idee kommen würden, auf die wasserspendende rote oder silberne Nase zu drücken.

Die Nase ist so platziert, dass Kinder sie mühelos erreichen können und auf spielerische Weise entdecken, was der kleine bunte Pepino ihnen zu bieten hat. Jeder Clown-Hydrant ist direkt an das 423 Kilometer lange Wasserleitungsnetz der Stadt Luxemburg angeschlossen.

Während andere Gemeinden ihr Trinkwasser oft über Hunderte von Kilometern in Fernleitungen heranpumpen müssen, stammt das Trinkwasser der Stadt Luxemburg zu zwei Dritteln aus Quellgebieten. Da dieses Wasser durch den Sandstein gefiltert wurde, ist es von hervorragender Qualität.

Adresse unter anderem 9, Rue de Capucins, Place du Théâtre, 2613 Luxemburg | **ÖPNV** Bus 9, 10, 11, 14, 19, 20, Haltestelle Badanstalt | **Tipp** Weitere Pepinos stehen mittlerweile an folgenden Orten: Op der Heed, Place de Strasbourg, Avenue Monterey und Rue Charlemagne. Einen *O'Claire*-Trinkwasserspender für Erwachsene findet man unter anderem am Place de la Constitution, am Place de Paris und zweimal in der Grand Rue.

84__Das Petit Musée du Limpertsberg

Das magische Kabinett des Monsieur Pilo

Monsieur Pilo ist ein Meister im Aufspüren von Dingen, die ihn auf neue Ideen bringen. Denn oft verbergen sich ja die Ideen in den Dingen und wollen gefunden werden. So sieht Monsieur Pilo die Welt auch ein klein wenig anders als die meisten von uns. In seinem Petit Musée du Limpertsberg, das übrigens das kleinste und bei Weitem amüsanteste Museum der Stadt Luxemburg ist, kann man zum Beispiel über ein Vorfahrtsschild staunen, das durch eine kleine Drehung zum Kunstobjekt geworden ist. Auf die Längsseite gestellt, erscheint ein weiß umrandetes, dottergelbes Quadrat, das Kunstkenner sofort an Kazimir Malevichs bekannte Malereien denken lässt. Folgerichtig heißt das Kunstwerk auch »Hommage á Malevich«.

Objet trouvé (gefundener Gegenstand) nennt man im französischsprachigen Raum dieses künstlerische Konzept, das einst im Dunstkreis des Dadaismus und Surrealismus entstanden ist. Wie in dem berühmten, bereits 1874 von Lautréamont formulierten Bild der »Begegnung einer Nähmaschine mit einem Regenschirm auf einem Seziertisch« können uns auch in der zum Museum umgestalteten Garage des Monsieur Pilo die unglaublichsten Dinge begegnen. Besonders lustig wird es, wenn Objekte, in einen neuen Kontext gestellt, als Ready Art neu und überraschend aufeinandertreffen. Eine afrikanische Statue wird mit verlegen-lüsternen Blicken eines Gentleman mit Zylinder bedacht. Ein Schimpanse betrachtet staunend ein Molekülmodell. Ein tönerner Elefantenfuß dient als Sammelgefäß für Spendengelder, die dem Tierschutz zugutekommen. Thematisiert werden die Gier, die Lust, die Liebe, der Tod und das Leben an sich.

Neben der Kunst gibt es allerdings auch einen überaus liebenswürdigen Menschen zu entdecken. Einen Mann, der mit großer Sachkenntnis afrikanische Masken und Objekte sammelt und einem die Welt zeigt, wie man sie vielleicht bisher noch nie gesehen hat.

Adresse 17, Rue Henri VII, 2324 Luxemburg | **ÖPNV** Bus 19, Haltestelle Alfred de Musset, von dort 3 Minuten Fußweg | **Öffnungszeiten** Falls das Museum verschlossen ist, öffnet Monsieur Pilo es auf Anfrage (Tel. +352/691132994). | **Tipp** In der Avenue de la Faïencerie 16 zeigt das Kino »Utopia«, ausgestattet mit wunderbar bequemen roten Sesseln, aktuelle Filme.

85_Die Petruss-Kasematten

Von Kanonen und Donnerbüchsen

2012 ist die Einwohnerzahl der Hauptstadt Luxemburg zum ersten Mal über die Hunderttausendermarke geklettert. Angesichts der Tatsache, dass die Bevölkerung aus mehr als 170 Ländern stammt, mag einen die geringe Zahl überraschen. Umso erstaunlicher, dass diese kleine Stadt über in den Felsen gehauene Gewölbegänge verfügt, die im Laufe der Jahrhunderte die stattliche Länge von 23 Kilometern erreicht haben.

Luxemburg war wegen seiner strategischen Lage von jeher auf Verteidigung ausgelegt und zählte zu den ersten Städten, die im Besitz von »Donnerbüchsen« waren, wie 1386 urkundlich bestätigt. Die ersten Kasematten entstanden während der spanischen Fremdherrschaft um das Jahr 1644. 40 Jahre später wurden die tunnelartigen Gänge unter dem Militäringenieur Vauban weiter ausgebaut. Doch die Meister der unterirdischen Verteidigungsanlagen waren die Österreicher. Sie sprengten ein weitverzweigtes Netz von Geschützkasematten in die Felsen der Stadt, in denen sich das Militär verschanzen konnte. Luxemburg wurde so praktisch uneinnehmbar und sollte, zumindest auf militärischem Wege, ab 1749 auch niemals wieder durch Beschuss in Besitz genommen werden.

Gut erhalten und sehr sehenswert sind neben den Bock-Kasematten vor allem die Petruss-Kasematten, die 1746 als »Batterie de la Petrusse« entstanden sind.

Als es durch den preußisch-österreichischen Krieg zur Auflösung des Deutschen Bundes kam, war das Schleifen der Festung im Jahr 1867 für die Bewohner ein großer Befreiungsakt. Endlich konnte Luxemburg nach der langen Fremdherrschaft seine Zukunft planen. Ohne Wälle, Gräben und Forts. Die Schießscharten der Petruss-Kasematten wurden 1876 sofort zugemauert und viele Eingänge verschlossen. Ein cleverer Gärtner nutzte die Anlagen zeitweise zur Pilzzucht. Seit 1933 sind die Petruss-Kasematten jedoch wieder öffentlich zugänglich und gehören heute zum UNESCO-Weltkulturerbe.

Adresse Petruss-Kasematten, Place de la Constitution, Boulevard F. D. Roosevelt, 2450 Luxemburg | **ÖPNV** Bus 19, Haltestelle F. D. Roosevelt | **Öffnungszeiten** auf Anfrage beim Luxembourg City Tourist Office, 30, Place Guillaume II | **Tipp** Vor dem Besuch der Kasematten kann man sich im 5 Gehminuten entfernten Bistro »Charles Sandwich« in der Rue Chimay 19 stärken oder als Proviant beispielsweise Hähnchenfilet-Ziegenkäse-Sandwichs mit Walnüssen und Honig einpacken lassen.

86 Das Pfaffenthaler Viadukt

Willkommen im Märklinland

Die Luxemburger lieben es kurz und bündig. So sparen sie sich beim Aussprechen von Wörtern wie *Mo* (Magen), *A* (Auge) oder *Wo* (Waage) viel Luft und Zeit. Daher verwundert es auch nicht, wenn sie eine ihrer Lieblingsbrücken einfach nur *Al Bréck* nennen, Alte Brücke. Offiziell heißt sie *Viaduc*, wird aber gern auch *Passerelle* genannt, nach der 1859 errichteten, provisorischen hölzernen Fußgängerbrücke, die lange neben der heutigen Viaduktbrücke stand. Die Luxemburger mussten sie einfach ins Herz schließen. Schließlich war diese zwei Meter breite und 40 Meter hohe Brücke die erste Anbindung der Oberstadt an den weit außerhalb liegenden Bahnhof.

Doch Luxemburg hat nicht nur diese alte Viaduktbrücke, sondern noch vier weitere wunderschöne Eisenbahnviadukte zu bieten. Sie sind ebenso wie die *Al Bréck* aus dem Stadtbild nicht mehr wegzudenken. Den Malern früherer Zeiten hatte es vor allem die Pfaffenthaler Viaduktbrücke angetan, die sich mit einer Höhe von 44 Metern über die Jugendherberge (siehe Ort 55) erhebt. Wenn sich heute die Züge ihren Weg über diese Brücke und durch mehrere Tunnel zum Bahnhof bahnen, hat man den Eindruck, als seien die Stadtplaner allesamt große Fans von Modelleisenbahnen gewesen – man wähnt sich mitten im »Märklinland«!

Die 1862 eröffnete Pfaffenthaler Viaduktbrücke wurde von einer schottischen Firma geplant und von der englischen Firma Waring Brothers erbaut. Dank der dramatischen Kulisse, die sie bietet, drehte man hier Szenen des Films »American Werewolf in Paris« und behauptete, es sei das alte Paris.

Die Brücke schwingt sich genauso bogenförmig über das Tal wie die Passerelle, denn beide Bauwerke wurden aus militärischen Gründen so konzipiert, dass sie nicht geradewegs, sondern in einer strategisch berechneten Kurve zum Bahnhof führten. In den Kurven standen im 19. Jahrhundert Geschütze, die direkt auf den Feind gerichtet werden konnten.

Adresse Rue du Fort Olisy, 2261 Luxemburg | **ÖPNV** Bus 9, 14, Haltestelle Plateau Altmunster | **Tipp** Vom Kirchberg-Plateau am Park Dräi Eechelen wie auch vom Rham-Plateau aus kann man einige der Viaduktbrücken wunderbar von oben bewundern und den herrlichen Blick auf das »Märklinland« genießen.

87 Das Pipistrelle

In den Felsen gehauenes Boutique-Hotel

Wie sehr sich das ökologische Bewusstsein der Stadt gewandelt hat, zeigt beispielsweise ihr Umgang mit Fledermäusen. Während die in den Gängen der Kasematten lebenden Kolonien noch 1956 systematisch mit Giftgas getötet wurden, hält man heute die Eingänge für die nachtaktiven Tiere offen. Zum Glück sind die Fledermäuse zurückgekehrt. Fünf Arten sind mittlerweile im Petrusstal wieder heimisch. Und ein besonderer Ort im Stadtteil Grund ist sogar nach ihnen benannt.

»Pipistrelle«, italienisch für Fledermaus, sei ein perfekter Name für ihr Boutique-Hotel, meinen Françoise Konsbruck-Schmitt und ihr Mann, weil die flugfähigen Säugetiere in den Höhlensystemen der ehemaligen Festung zu den ständigen Bewohnern gehörten. Der von den Tieren geschätzte Fels wurde mit viel Bedacht in die Konzeption der vier individuell gestalteten Hotelräume integriert. So treffen jahrhundertealte Holztüren auf eine mattierte Glaswand, die das Felsenbad abtrennt. Sowohl im Treppenhaus als auch in den Bädern wurde der helle Sandstein natürlich belassen. Die Suiten mussten teils regelrecht in den Felsen gehauen werden. Da aus dem Gestein Feuchtigkeit tritt, wurde eine Lüftung installiert, sodass die Räume trocken bleiben.

Dass die Lage des Hotels, das sich dicht an den Fels schmiegt, Probleme bereiten kann, zeigte sich, als eine Badewanne nicht durchs enge Treppenhaus passte und man eigens einen Kran anfordern musste, der die Wanne, millimetergenau, durch eines der Fenster hievte.

Als Wohnhaus mit Anbau taucht das Gebäude erstmals im Jahr 1795 in den Annalen auf. Vor dem Boutique-Hotel »Pipistrelle« befand sich früher der bekannte Marktplatz *Op der Schmëtt*, benannt nach einer Schmiede, die bereits im Jahr 1482 urkundlich erwähnt wird. Der Markt lag strategisch günstig zwischen der Alzettebrücke, dem Grundberg und der Ulrichstraße, einer der wichtigsten und belebtesten Verkehrswege der Stadt.

Adresse 26, Montée du Grund, 1645 Luxemburg, www.pipistrelle.lu | **ÖPNV** Bus 23, Haltestelle Stadgronn Bréck (das Hotel liegt in unmittelbarer Nähe vom Eingang des Felsenlifts) | **Tipp** Zur Linken des Hotels führt die Rue Plaetis zu einem schönen Wanderweg entlang der Alzette, mit Blick auf die Kasematten, den Weinberg der Stadt, den Klostergarten und die Skulptur Melusina.

88 Die Quirinuskapelle
Die älteste Kultstätte der Stadt

Um die kleine Felsenkapelle, die an einem Bach und einer Wasserquelle liegt, ranken sich viele Legenden. Sogar eine Räuberhöhle soll sie einmal gewesen sein. Versetzt man sich in die Zeit der Kelten zurück, die hier im bewaldeten Petrusstal ihre Kultstätte hatten, so kann man sich gut vorstellen, dass die natürliche Höhle mit ihrem Quellwasser der Beschwörung von Naturgeistern diente. Auch heute noch ist eine kleine Grube zu erkennen, in denen das Opferblut abfließen konnte. In spätrömischer Zeit soll eine Statue der Göttin Hekate (lateinisch Trivia) hier gestanden haben, zuständig für Magie und Totenbeschwörung.

Worauf die Menschen nach der Christianisierung vor allem hofften, waren Wasserwunder. Das reine Quellwasser der auch Greinskapelle genannten Höhlenkirche stand im Ruf, Haut- und Augenkrankheiten zu lindern, wenn nicht gar zu heilen. Die keltischen Steine und spätantiken Gottheiten wurden vollständig durch christliche Figuren ersetzt. Gleich drei Heilige, nämlich Quirinus, Firminus und Ferreolus, lösten die griechisch-römischen Vorgänger ab und erhoben die Kapelle in den Rang eines Wallfahrtsortes. Der Deutsche Ritterorden, der ab 1249 in der Stadt Luxemburg ein Hospiz betrieb, kümmerte sich um die Kapelle und verlieh ihr 1355 eine gotische Fassade.

Rechts neben dem Eingang ist eine steinerne Außenkanzel zu sehen, die für die Predigt genutzt wurde, wenn eine große Schar von Wallfahrern diesen Ort aufsuchte. Weltweit gibt es nur noch zwei Predigtstühle dieser Art.

Im Turm der Kapelle hängt eine Glocke aus dem Jahr 1770, und im Inneren findet man eine kleine Sakristei und eine Nische mit dem Altar. Die Originale der drei Heiligen stehen heute im City-Museum. Der heilige Quirinus war bis zum Jahr 1666 Schutzpatron der Stadt, wurde dann in dieser Funktion aber durch Maria ersetzt, die in Luxemburg auch den Beinamen »Trösterin der Betrübten« trägt.

Adresse In der Rue Saint Quirin. Wie man hinkommt: Vom Grundlift, der vom Plateau Saint Esprit und der Oberstadt nach unten führt, oder der Bushaltestelle folgt man der Rue Saint Ulric, bis rechts die Rue Saint-Quirin abzweigt. An einem Steg geht es, nach 100 Metern, über die Petruss zur Felsenkapelle. | **ÖPNV** Bus 23, Haltestelle Stadgronn, Bréck | **Tipp** In der Rue Saint Quirin fährt auch eine kleine Miniatur-Eisenbahn. Die Fahrt mit dem *Train Miniature* ist kostenlos. Angeblich kann jeder der Waggons 100 Kilo Gewicht transportieren.

89 Das Radsport-Sieger-Denkmal

Elsy Jacobs, die »Großherzogin« auf dem Rad

Charly Gaul, François Faber und Nicolas Frantz: Natürlich sind diese drei Männer – allesamt Sieger der Tour de France – die Helden des Luxemburger Radsports. Zu Ehren dieser Legenden steht im Stadtpark nahe der Villa Vauban ein Denkmal. Doch auch die erste Radsportweltmeisterin Elsy Jacobs wurde nicht vergessen. Glücklicherweise. Ihre Plakette in einer Reihe mit den drei großen Tour-de-France-Siegern ist nicht selbstverständlich.

In der von Männern dominierten Radsportwelt der 50er Jahre hatte die junge luxemburgische Sportlerin einige Auseinandersetzungen mit den nationalen Verbänden. Denn Frauen durften damals in Luxemburg noch nicht an Radrennen teilnehmen. Da Belgien und Frankreich etwas fortschrittlicher waren und auch die Lizenzen von Frauen anerkannten, ließ sich Elsy Jacobs 1957 in Paris nieder, um sich ganz auf den Sport konzentrieren zu können. Sie zog – ganz bewusst – nur mit dem Fahrrad, aber ohne Führerschein und Auto in die französische Hauptstadt, wie sie später betonte.

Elsy Jacobs gewann nicht nur bereits im August 1958 als 25-Jährige die Straßen-Radweltmeisterschaften in Reims, sondern fuhr auch drei Monate später in Mailand einen Stundenweltrekord, der erst 1972 gebrochen werden sollte. Die ihr zugedachte Plakette im Stadtpark wurde von der Künstlerin Yvette Gastauer-Claire gestaltet, von der auch bereits die Erinnerungsmedaille zum 40. Jahrestag des Weltmeisterschaftstitels stammt.

Eigentlich müsste noch ein fünfter Radsportler im Stadtpark geehrt werden: Andy Schleck. Nachdem die Brüder Schleck 2005 den Gedenkstein für die Luxemburger Radlegende Charly Gaul im Park eingeweiht hatten, gewann Andy Schleck fünf Jahre später die Tour de France. Der Titel wurde Schleck nach der Disqualifikation des gedopten Alberto Contador offiziell nachträglich zuerkannt.

Adresse Stadtpark, 18, Avenue Emile Reuter, 2420 Luxemburg | **ÖPNV** Bus 30, Haltestelle Charlys Gare | **Tipp** Die ebenfalls im Stadtpark gelegene Villa Vauban ist nur 5 Gehminuten entfernt. In ihr befindet sich eines der bedeutenden Museen der Stadt für alte und zeitgenössische Kunst.

90 Der Raketenspielplatz
Früh übt sich der Griff nach den Sternen

Das kleine Luxemburg ist nicht gerade dafür berühmt, ein Land mit großen Rohstoffreserven zu sein. Da liegt es nahe, sich frühzeitig als bedeutender Player im Space Mining, dem Abbau von Mineralien im Weltall, zu etablieren. Als erstes Land der Welt regelt Luxemburg seit 2017 per Gesetz die Besitzverhältnisse bei der Gewinnung von Ressourcen auf Monden, fremden Planeten und Meteoriten.

Ins Weltall zog es Luxemburg schon in den frühen 80er Jahren. Schloss Betzdorf, lange Zeit Residenz der erbgroßherzoglichen Familie, ist heute Sitz der weltweit größten kommerziellen Satellitenbetreiber. Was das Space Mining betrifft, reiste der Großherzog höchstselbst nach Japan, um die wirtschaftlichen Chancen des Bergbaus im Weltall auszuloten. Die von Wirtschaftsminister Etienne Schneider aufgebrachte Idee wurde anfangs belächelt, doch Luxemburg profitiert bereits vom zukünftigen Mineralienabbau im Weltall. US-Firmen wie »Planetary Resources« und »Deep Space Industries« sowie die japanische Firma »ispace« haben sich schon im Land niedergelassen.

Während die Welt über die luxemburgischen Ambitionen im Space Mining staunte, wurde im Stadtpark Kaltreis schon einmal der erste Weltraumbahnhof eingeweiht. Zukünftige Asteroiden-Forscher und -Forscherinnen finden hier einen hübschen Spielplatz mit einer rot-weiß karierten Rakete, die verblüffend an jene erinnert, mit der die Comichelden Tim und Struppi, die in Luxemburg als Tintin und Milou bekannt sind, auf den Mond reisen. Auf dem spacigen Gelände kann nicht nur die Umsetzung all der hochfliegenden Pläne des Landes erprobt werden. Es dient auch dazu, wissenschaftliches Interesse zu fördern.

Der Weltraumbahnhof verfügt über eine mit drei Rutschen ausgestattete Rakete und eine Baustelle mit Meteoritenlichtern. Zukünftige Astronauten können eine Raumkapsel besteigen und im großen Schaukelpark erleben, wie sich Schwerelosigkeit anfühlt.

Adresse 60, Boulevard Kaltreis, 1881 Luxemburg | **ÖPNV** Bus 5, 6, Haltestelle Kaltreis | **Tipp** Gut möglich, dass man nach dem Ausflug ins Weltall wieder festen Boden unter den Füßen haben möchte. Dafür bietet sich eine Exkursion ins nahe, südlich gelegene Waldgebiet an, wo man wunderbar an der Alzette entlangwandern kann.

91__Robin du Lac

Ein Wunderland in einer ehemaligen Autowerkstatt

Von außen sieht das mächtige weiße Gebäude an der Route d'Esch unauffällig aus. Es könnte sich eine Lagerhalle dahinter verbergen, Büros oder eine kleine Fabrik. Tatsächlich handelt es sich um ein ehemaliges Autohaus, dem eine Werkstatt angeschlossen war. Wer das Gebäude heute betritt, kommt aus dem Staunen kaum heraus. Zu groß ist der Unterschied zwischen dem unscheinbaren, industriell wirkenden äußeren Erscheinungsbild und der barocken, überbordenden Fülle, die einen drinnen erwartet.

Die Macher dieses riesigen Concept Stores namens »Robin du Lac« bezeichnen sich selbst als Enthusiasten der Dekoration. Wenn man ihr verrücktes Crossover aus Markthalle, kulinarischen Inseln und Antikmöbelhaus durchschreitet, muss man ihnen zweifelsohne recht geben. An einigen Wänden hängen Gemälde aus dem 19. Jahrhundert. Ein Florist bringt mit frisch gebundenen Rosen Leben ins Spiel. Eine Wurlitzer-Jukebox steht hier einträchtig neben einer alten Kommode. Venezianische Kristallkronleuchter hängen über einer Glasvitrine, in der französische und italienische Käsesorten Appetit wecken. Gleich daneben sorgen in pittoresken Holzkisten Äpfel, Orangen und Mangos für frische Farbtupfer.

Draußen vor den Hallen wird gerade ein original azurblauer Lamborghini Huracan lp 610-4 Spyder angeboten. Weitere Reminiszenzen an die ehemalige Autowerkstatt, wie die Säulen einer Hebebühne, sind geschickt ins Konzept der Innengestaltung integriert. Silbern glänzende Falken sitzen majestätisch platziert auf den Armlehnen eines Sofas im Chesterfield-Stil. Eine Vespa steht, wie beiläufig geparkt, am Rande der Paletten, auf denen soeben gelieferte Jutesäcke mit Kaffeebohnen gestapelt sind. Daneben befindet sich, passenderweise, gleich ein Coffeeshop mit eigener Rösterei.

Die kulinarischen Inseln, allen voran der kalabrische Familienbetrieb »Come á la maison«, fügen sich mühelos in den wilden Tanz der Samtsessel, Kristallleuchter und Gemälde.

Adresse 70, Route d'Esch, 1470 Luxemburg | **ÖPNV** Bus 17, Haltestelle Heentze Park |
Tipp Falls Sie Ihren Hund verschönern lassen wollen: Im »Moien Mupp«, einem Salon für
Vierbeiner ganz in der Nähe (30, Rue Raymond Poincare), gibt es die aktuellen Frisuren.

92 Die Rosen im Park Merl

Gestatten, Alexandra, Princesse de Luxembourg

Die edle Rose mit dem Namen »Alexandra, Princesse de Luxembourg« ist von weithin sichtbarer Präsenz. Ihre süß duftenden Blütenkugeln ragen am Merler Parksee hoch hinauf. Man findet sie in der Sektion der luxemburgischen Züchtungen. Aber auch französische, deutsche und englische Rosen verbreiten im fein herausgeputzten Park ihren Zauber.

Zwei junge Züchter, Jean Soupert und Pierre Notting, gründeten 1855 im Stadtteil Limpertsberg eine Baum- und Rosenschule. Die beiden Luxemburger hatten sich vorgenommen, Kulturrosen in großer Vielfalt zu züchten, und kreierten über 350 Rosenneuheiten, die schon bald in aller Welt angepflanzt wurden. Sie blühten in den Gärten der Monarchen von Österreich, Persien, Brasilien und Thailand (dem damaligen Siam). Luxemburger Rosen fanden auch ihren Weg an den Zarenhof in Russland und in zahlreiche Gärten des europäischen Hochadels. Folgerichtig tragen viele von ihnen adlige oder exotische Namen wie »Kaiserin Augusta« oder »Prince Hussein Kamil Pacha«.

Die großen Rosenplantagen wurden nach dem Kongress von London im Jahr 1867 gepflanzt. Damals entstand in der sich öffnenden Stadt Luxemburg ein ganzer Wirtschaftszweig gleichsam aus dem Nichts und produzierte um 1900 jährlich über sechs Millionen Rosenstöcke. Noch vor der Stahlindustrie und den Banken waren es die Rosen, die zu einem Devisenbringer, aber auch einem der Hauptarbeitgeber des Landes avancierten. Luxemburg wurde zu einem Land der Rosen. Im Stadtteil Limpertsberg verströmten weitläufige Rosenfelder einen zarten Duft, der weithin durch die Straßen zog.

Seit einigen Jahren erwacht dieser Zauber nun wieder. Neben einem lehrreichen Rundweg namens »RosaLi« (Die Rosen von Limpertsberg) gibt es am Place des Martyrs einen Rosengarten, und im Park von Merl-Belair können nun über 50 neue Schöpfungen bewundert werden. Die Zukunft der stolzen Gewächse sieht wieder rosig aus.

Adresse Parc Merl, 1430 Luxemburg | **ÖPNV** Bus 5, 6, Merl, Parc | **Öffnungs-zeiten** täglich 7–22 Uhr. Sie können sich auf der Seite www.patrimoine-roses.lu über die Aktivitäten der luxemburgischen Rosenfreunde informieren und per Mail (contact@patrimoine-roses.lu) Kontakt aufnehmen. | **Tipp** Direkt am See des Parks steht ein wunderschöner Pavillon, der zu einer Pause einlädt. Die Empfehlung des Autors: ein Glas Crémant im Sonnenschein.

93 Die Rotondes

Mitglied im Club der runden Veranstaltungsstätten

Luxemburg in seiner Eigenschaft als Europäische Kulturhauptstadt im Jahr 2007 ist es zu verdanken, dass ein Glanzlicht der einstigen Industriekultur in die Gegenwart gerettet wurde und eine neue Bestimmung bekam. Gewiss wären die beiden ehemaligen Schuppen für Dampflokomotiven nicht einfach abgerissen worden. Schließlich sind sie schon 1991 als Nationalmonumente klassifiziert worden. Doch in ihrer neuen Funktion als Kulturzentrum sehen sich die Rotondes heute in einer Reihe mit dem römischen Amphitheater in Verona oder dem Circus Roncalli. Denn genau wie diese wurden sie kulturell geadelt und sind nun Mitglied im weltweiten Club der runden Veranstaltungsstätten.

Wie der Name schon sagt, sind die Rotondes Rundbauten. Sie wurden 1877 errichtet, um auf kleinstem Raum je 18 Lokomotiven abzustellen. Diese standen auf einer drehbaren Platte, dem Gleisstellwerk, das heute als bewegliche Bühne genutzt wird. Bereits 1907, als in Howald ein neuer Maschinenschuppen fertiggestellt wurde, dienten die Lokhallen nicht mehr ihrem ursprünglichen Zweck.

Unter der Kuppel des großen Saales der Rotonde 1 ist die runde Bühne ein Ort für Film-, Theater- und Musikevents und – passenderweise – auch für Round-Table-Gespräche. Zum Veranstaltungsprogramm gehören des Weiteren Ausstellungen, in denen zum Beispiel Werke aufstrebender Fotografen und Plakatkünstler gezeigt werden. Ein Publikumsmagnet sind auch die Kleider- und Designermärkte sowie die Plattenbörsen. Die Industriecharme verströmende Rontonde 2 beherbergt ein Café und einen Club. In dem noch unsanierten Bau finden in einer hölzernen Konstruktion Konzerte statt.

Zum Gelände gehört schließlich die zwischen den Hallen gelegene Container-City. Hier stehen Kreativen Workshop- und Proberäume zur Verfügung. Angesichts dieses Umfelds verwundert es nicht, dass sich das alternative Radio ARA an diesem Ort niedergelassen hat.

Adresse Rue de la Rotondes, 2448 Luxemburg | **ÖPNV** Bus 16, 120, 144, 172, 192, 194, 195, Haltestelle Gare Central, von dort 10 Minuten Fußweg | **Öffnungszeiten** Mo–Do und Sa 11–1 Uhr, Fr 11–3 Uhr, So 10–1 Uhr | **Tipp** Das winzige Restaurant »Glow« in der Rue Xavier de Feller 2 mit seinen täglich wechselnden vegetarischen Menüs ist einen Besuch wert. Motto: »Where Coffee Corner meets Bakery meets Health Food«.

94 Der Salamander

Flinkes Schutzsymbol an der Abgeordnetenkammer

Wenn der Steinmetz Robert Granella hoch oben am großherzoglichen Palais oder an anderen Gebäuden Wasserspeier oder bizarre Chimärenköpfe restauriert, bekommen die Passanten unten davon meist nichts mit. Aufmerksame Beobachter können jedoch viele der kleinen, von ihm in der Stadt versteckten Figuren auch bodennah entdecken. Neben der winzigen, käseknabbernden Maus in der Rue Laurent Ménager 26 fällt ein lebensgroß gemeißelter Salamander an der hinteren Eingangstür der Abgeordnetenkammer ins Auge. Robert Granella hatte hier im Sommer 1998 ursprünglich ein anderes Tier platziert, nämlich eine Weinbergschnecke. Doch die Symbolik dieses Tieres, die ein langsames Arbeiten nahelegen könnte, gefiel den Abgeordneten nicht. So entfernte der Steinmetz die Schnecke wieder und setzte stattdessen den Salamander an den Türrahmen.

Für Robert Granella, der fünf Jahre lang die wichtigsten Steinmetzschulen Frankreichs besuchte, ist der Salamander ein ganz besonderes Tier. So entdeckte er im Schloss von Chambord im Tal der Loire allein 300 dieser Tiere. Aber wie konnte der kleine Schwanzlurch überhaupt zu einem mythisch-royalen Tier werden? Der Legende nach vermochte es der Salamander, dem Feuer zu widerstehen. Salamander überwintern gern in Baumstümpfen, und wenn diese Stümpfe zum Verbrennen gesammelt wurden, kam es vor, dass sich die kleinen Tiere im Kamin wiederfanden. Ihre stets feuchte Haut schützt sie in der Tat einige Sekunden vor dem Feuer, und oft entkamen sie im letzten Moment den Flammen. So wurde der Salamander zum Feuer-Schutzsymbol der Steinmetze und französischen Könige. Auch die Fähigkeit, bei Gefahr seinen Schwanz abzuwerfen, machte ihn zu einem magischen Tier.

Robert Grenella hat bislang 15 Salamander in der Stadt Luxemburg verteilt. An der Gebäudewand entdeckt man, oben links über dem Salamander, auch einen Schmetterling. Für Granella ein Symbol der Freiheit, die man oft nur nach mühsamer Metamorphose erlangt.

Adresse Chambre des Députés, 19 Rue du Marché-aux-Herbes, 1728 Luxemburg. Man findet den Salamander an der Rückseite der Kammer. Auch durch das oft verschlossene schwarze, schmiedeeiserne Tor kann man ihn am Türrahmen des Gebäudes gut erkennen. | **ÖPNV** Bus 9, 10, 11, 14, Haltestelle Badanstalt | **Tipp** Direkt vor der Treppe der Abgeordnetenkammer findet man eine Bodenplatte, die in luxemburgischer Sprache auf das Frauenwahlrecht verweist. Die Übersetzung lautet: »Am 26.10.1919 durften die Frauen zum ersten Mal wählen gehen.«

95 Die Schafe von Clausen

Nutztiere im Wandel der Zeiten

Heinz-Hermann Elting macht es sich gern morgens oben auf seiner Terrasse gemütlich. Dann sitzt er, Tee trinkend, in der von ihm so geliebten Djellaba, dem bodenlangen, orientalischen Kapuzenmantel, auf einer Bank und blickt über Clausen. Er und seine Frau Armelle Elting de Labarre bewohnen ein Haus, das »Villa van Gogh« heißt. Da das Grundstück steil zum fast vertikal aufragenden Felsen des Kirchberg-Plateus hin ansteigt, ist der obere Teil mehrfach terrassiert. Gegenüber, auf einer grasigen Anhöhe oberhalb des Deutschen Soldatenfriedhofs, blöken die Schafe »Kommkomm« und »Surprise«.

In dieser dörflichen Idylle sinniert Heinz-Hermann Elting über die Schafe und deren Aufgabe während der Festungsgeschichte Luxemburgs. Tiere spielten ja in kriegerischen Zeiten schon immer eine wichtige Rolle. Brieftauben überbrachten Botschaften, Esel transportieren schwere Lasten, und Pferde zogen mitten ins Schlachtgetümmel. Die luxemburgischen Festungsschafe hielten die Vegetation niedrig, damit Feinde sich nicht verstecken konnten und das Schussfeld freie Sicht bot. Natürlich dienten sie auch als Fleischlieferanten. Die nur 300 Meter von den blökenden Schafen entfernte Jugendherberge (siehe Ort 55) war seinerzeit das Schlachthaus der Stadt. Außerhalb und in der Festung gab es, dank der Schafe, keine hohe Vegetation. Nur die Außenwälle waren mit Bäumen bepflanzt, damit man von Weitem die Festung nicht einsehen konnte. Im Falle eines feindlichen Angriffs wurden diese Bäume gefällt, weil man Holz für die Verschanzungsarbeiten brauchte.

Heinz-Hermann Elting, dessen Kenntnisse über die Festungsgeschichte beeindruckend sind und der große Bewunderung für Robert Schuman, einen der vielen Gründerväter der Europäischen Union, hegt, ist ein leidenschaftlicher und überzeugter Europäer. Und seine Schafe sind die schönsten Symbole eines idyllischen und friedlichen Stadtlebens.

Adresse 7, Rue Jules Wilhelm, 2728 Luxemburg. Heinz-Hermann Elting ist auch offizieller Fremdenführer des Luxembourg City Tourist Office. | **ÖPNV** Bus 23, Haltestelle Sainte Cunégonde | **Tipp** 10 Gehminuten entfernt, in der Rue Jules Wilhelm 4, hat das »Zentrum für Europäische Studien« seinen Sitz. Es befindet sich im Wohnhaus von Robert Schuman. Als Reichsdeutscher in Luxemburg geboren und später französischer Außenminister, hat er sich unermüdlich für den Frieden in Europa eingesetzt.

96__ Schläifmillen

Künstlerateliers in ehemaliger Tuchfabrik

Es ist ein etwa einstündiger Spaziergang vom Stadtteil Grund zur ehemaligen Tuchfabrik Schläifmillen. Von der Rue de Fort Dumoulin geht es in die Rue de Pulvermühl, wo eine Schautafel mit schönen Naturbildern für den südlichen Pfad *(Sentier de Sud)* wirbt. Hinter einer nicht zu verfehlenden Schwarzerle führen einen idyllische Waldwege und der Lauf der Alzette ans Ziel.

Die alte Tuchfabrik in der Rue Godchaux, die in ihrer Blütezeit bis zu 800 Menschen beschäftigte, empfängt den Besucher bereits draußen mit einer Reihe von Skulpturen. So ein Baumstamm mit Schnitzereien und ein an Jeff Koons erinnernder Luftballon in knalligem Pink. Direkt vor dem Haus Schläifmillen, das Werkräume für 16 Künstler zur Verfügung stellt, arbeitet der Maler und Bildhauer Rafael Springer an einem neuen Werk. Dazu dreht er Tausende von Kreuzschrauben in einen rundum schwarz gummierten Baumstrunk. Am liebsten würde Springer, dessen Großvater Müller war, in der Schläifmillen wohnen. Doch die Statuten erlauben hier nur das Arbeiten. Und das auch nur für Künstler, die sich aus Geldmangel kein eigenes Atelier leisten können.

Für Liane Reckinger und Schorsch Mayer, die sich als Gründungsmitglieder seit 1982 eine Werkstatt teilen, ist Schläifmillen ebenfalls ein Glücksfall. Ein generöses Geschenk der Stadt Luxemburg sei es. Mit strahlendem Gesicht berührt Liane Reckinger eine ihrer ausdrucksstarken Frauenfiguren. Der alte Ofen steht zum Brennen des Tons bereit.

Das Atelier von Fränz Dasbourg ist vielleicht das farbenprächtigste. Kein Wunder, schließlich wurde er, nach eigener Aussage, zwischen Farben geboren, weil sein Vater Anstreicher war. Vor dem geöffneten Fenster seines Ateliers hört man das Wasser eines Stauwehrs rauschen. Viele Künstler in Schläifmillen freuen sich über den Besuch von Kunstfreunden. Leider wird selten eine Werkstatt an der idyllischen Alzette frei.

Adresse 6a, Rue Godchaux, 1634 Luxemburg | **ÖPNV** Bus 15, Haltestelle Hamm, Englebert Neveu, von dort 20 Minuten Fußweg | **Öffnungszeiten** Besuche auf Anfrage (Tel. +352/434807 oder per Mail an esd@inter-actions.lu | **Tipp** Vom Künstleratelier Schläiffmillen aus führen die Rue Godchaux und die sich daran anschließende Rue de Draperies zu wunderschönen Wanderwegen entlang der idyllischen und windungsreichen Alzette.

97 Das Schloss Septfontaines

Vom Waschbrunnen zur prunkvollen Vitrine
der Porzellandynastie

In Luxemburg gab es nie ein Schloss oder eine Burg, die als standesgemäße Residenz von einem Großherzog bewohnt wurde. Gleichwohl gibt es auf dem Gebiet der Stadt ein Schloss. Allerdings wurde es von keinem Herrscher erbaut, sondern von den Brüdern Jean François, Dominique und Pierre-Joseph Boch, die Besitzer einer berühmten Porzellanfabrik waren.

Über 200 Jahre lang diente der Siebenbrunnen der Bevölkerung als Waschbrunnen. Den Namen trug dieser Ort auch schon zuvor, doch 1707 ließ die Stadt hier acht überdachte Waschtröge errichten. Die Boch-Brüder durften ihre Porzellanfabrik 1783–1784 an gleicher Stelle unter der Auflage erbauen, der Stadtbevölkerung zu gestatten, weiterhin ihre Wäsche zu waschen und auf den Wiesen zu trocknen.

Die Porzellan- und Keramikmanufaktur »Villeroy & Boch« existierte bereits seit 1768 mit Sitz im Rollingergrund. Ihr Schloss war für zwei Familien angelegt. Im ersten Stock befanden sich in zwei getrennten Flügeln die Schlafzimmer, während im Erdgeschoss ein Esszimmer und der Salon von beiden Familien gemeinsam genutzt wurden.

Während der Französischen Revolution besetzten französische Truppen das Schloss, das schließlich 1914 veräußert wurde. Doch die Familie Boch kaufte es 1970 zurück und renovierte das Gebäude von Grund auf.

In den Räumen sind die aus verschiedenen Jahrhunderten stammenden Porzellanprodukte des Familienunternehmens ausgestellt. Im Esszimmer hängt ein Porträt von Maria Theresia, die den Boch-Brüdern im 18. Jahrhundert die Eröffnung der Porzellanfabrik gestattet und sie zehn Jahre von der Besteuerung freigestellt hat.

Heutzutage ist das Schloss ein beliebter Veranstaltungsort für Konferenzen. Außerdem dient es als Gästehaus der Firma Villeroy & Boch für besondere Gäste oder Manager. Das Schloss wurde am 18. November 2011 in die Liste der nationalen Monumente aufgenommen.

Adresse Schloss Septfontaines (auch Schloss Siweburen oder Siebenbrunnen), 26, Rue de Rollingergrund, 2441 Luxemburg | **ÖPNV** Bus 21, 31, Haltestelle Roudebierg | **Öffnungszeiten** Die Gartenanlage ist zugänglich, und das Schloss kann von außen besichtigt werden. | **Tipp** Das empfehlenswerte »Hotel Siweburen« liegt nicht weit vom Schloss entfernt, in der Rue de Sept Fontaines 36.

98__Siegfried von Westeschgaart

In alter Manier und modernem Gewand

Wohin sind die Luxemburger während der Festungszeit, also vor 1867, in ihrer Stadt abends gegangen, wenn ihnen mal nach Musik und Tanzen zumute war? Innerhalb der Festungsmauern gab es wenig Raum für solche Ausschweifungen, und außerhalb war es unter Strafe verboten, Steinhäuser zu bauen. Doch die lebenslustigen Luxemburger wussten sich zu helfen.

Zum Feiern gingen sie hinaus durchs Neutor und weiter zu jenen Schrebergärten in Limpertsberg, in denen es aus Holz errichtete Gasthäuser gab. Vor allem sonntags zog es sie zum Tanzlokal »Rettelsgaart« oder zum beliebten »Westeschgaart«. Die Namen verwiesen immer auf den Familiennamen des Wirts. Der »Westeschgaart« war der Garten eines Herrn Wester, und Herr Rettel ließ auf dem hölzernen Boden seines Gasthauses zum Tanz aufspielen. Allerdings mussten die Gäste aufpassen, vor dem Zapfenstreich wieder in der Stadt zu sein. Je nach Jahreszeit wurde das Tor zwischen 21 und 23 Uhr geschlossen.

All jene, die heute im »Siegfried von Westeschgaart«, dem Nachfolger des alten Lokals, essen und trinken, dürfen das an den meisten Tagen der Woche bis weit nach Mitternacht tun. Das Lokal, das sich selbst auch als Bistro-Brasserie-Bar bezeichnet, bietet unter der Leitung des jungen Küchenchefs Christophe Prosperi in guter alter Manier luxemburgische Spezialitäten an: *Gromperekichelcher mat Äppelkompott*; Sauerkraut, Kassler und Mettwurst; *Päerdsbifdeck mat Pefferzooss, Fritten an Zalot*. Inmitten von Plakaten alter Filme wird an der langen Theke ein Helles frisch gezapft. Ein typisches Bistro, wie man es auch in Paris finden könnte. Wochentags wird schon am Morgen um sieben geöffnet, dann gibt es Croissants, frisch gerösteten Espresso und Saft aus gepressten Orangen. An der Wand neben dem Eingang sieht man schöne historische Bilder und Fotografien. Vom alten »Westeschgaart«, wie er früher einmal war.

Adresse 41, Allée Scheffer, 2520 Luxemburg | **ÖPNV** Bus 16, 120, 144, 192, 194, 195, Haltestelle Fondation Pescatore, von dort 8 Minuten Fußweg über das Glacisfeld. Oder mit der Tram direkt bis vor die Haustür. | **Öffnungszeiten** Mo–Fr 7–1 Uhr, Sa 14–1 Uhr, So geschlossen | **Tipp** Im Grand Théâtre de Ville de Luxembourg, das nur 5 Minuten entfernt liegt, gibt es ein ruhiges, kleines Café für alle, die keinen Rummel mögen.

99__Skatepark Péitruss
Heaven is a Halfpipe

Ich musste an die kalifornische Gruppe OPM und ihren bekanntesten Song »Heaven is a Halfpipe« denken, als ich den Skatepark Péitruss zum ersten Mal besuchte. Die im Sommer 2016 eröffnete Anlage liegt unten im grünen Tal, am Fuße der Festungsmauern, in einem Gebiet, das von der UNESCO zum Weltkulturerbe erklärt wurde. Über dem Park erhebt sich die Passerelle, eine schöne Viaduktbrücke mit mächtigen Bogenpfeilern.

Der Skatepark mit seiner 600 Quadratmeter großen Bowl, einer spektakulären, senkrecht stehenden Halfbowl und vielen anderen Parcoursmodulen fügt sich ganz natürlich in das grüne Tal ein. Keine Zäune und Gitter trennen ihn von den Joggern, die hier am Bächlein Petruss entlanglaufen. Flutlichter, die auf Knopfdruck eingeschaltet werden können, erlauben das Skaten bis 22 Uhr. Hier kommen Skateboard-, BMX- und Rollerskates-Enthusiasten, ob Anfänger oder Fortgeschrittene, gleichermaßen auf ihre Kosten. Sogar kleine Kinder können den Parcours mit ihren Tretrollern und Scootern nutzen.

Die Realisierung dieses Projekts war nicht einfach, da der Grundwasserspiegel an diesem Ort relativ hoch ist und zuvor eine alte Gasanlage saniert werden musste. So gingen seit der 2004 gestellten Anfrage an die Stadt durch den Verein skatepark.lu zwölf lange Jahre ins Land.

Die Projekt-Ausschreibung gewann eine Firma aus Marseille, die den besten Entwurf für die Integrierung des Skateparks in die alte Festung eingereicht hatte. Sogar die farbliche Gestaltung der Skate-Pools wurden auf das alte Gemäuer abgestimmt. Kurze Erklärung: In den 70er Jahren war es weit verbreitet, dass Skater ihre Sprünge in leeren blauen Swimmingpools übten. Der Luxemburger Park hält sich dagegen an die Farben Grau und Beige, in perfekter Harmonie mit den historischen Festungsmauern. Die verschiedenen Graunuancen des Betons spiegeln sogar die Schattierungen der Felswand wider.

Adresse 2, Rue Saint Quirin, 2327 Luxemburg | **ÖPNV** Bus 23, Haltestelle Stadgronn, Bréck (oder per Felsenlift vom Plateau Saint Esprit ins Tal schweben) | **Öffnungszeiten** täglich 7 bis 22 Uhr | **Tipp** Gleich neben dem Skatepark geht's sportlich weiter in einem Fitnesspark. Und gegenüber steht die in den Felsen gehauene, spektakuläre Quirinuskapelle (siehe Ort 89).

100_Die Standseilbahn

Schweizer Präzision in der bergigen Hauptstadt

Eine der schönsten Regionen Luxemburgs nennt sich »Müllerthal« oder auch die »Kleine Luxemburger Schweiz«. Das im Osten gelegene Gebiet ist für seine bizzarren Sandsteininformationen und wilden erodierten Naturfelsen bekannt. Doch bergig ist es auch in der Hauptstadt. Seit dem Winter 2017 kommt für die Bewohner Luxemburgs sogar ein Stück echte Schweiz zum Einsatz – und bei Schneefall sogar Skigebietsfeeling auf.

Ihr neues, im Kanton Solothurn konstruiertes Verkehrsmittel ist eine kostenlos zu nutzende »Funiculaire«. Genauer gesagt sind es zwei parallel geführte Standseilbahnen. Die beiden Kabinen gleiten auf je einem Schienenstrang zwischen der Tramstation »Rout Bréck« auf dem Kirchberg-Plateau und dem neuen Bahnhof »Pfaffenthal-Kirchberg« hin und her. Die Fahrzeuge werden mittels Zugseil im Pendelverkehr geführt. Die Seile werden in der Bergstation Kirchberg angetrieben und umgelenkt. Dabei bewegen sich die Kabinen auf jeder Strecke immer genau synchron, weil das in der Talstation umgelenkte Gegenseil zum Kraftausgleich dient.

Die Fahrt mit der Schweizer Präzisionsbahn dauert nur 63 Sekunden. Einheimische Pendler werden erleichtert aufatmen, denn für die Strecke, die jetzt mit der Bahn in so kurzer Zeit zurückgelegt wird, musste jemand, der im Tal wohnt und am Kirchberg arbeitet, in der Rushhour früher eine Dreiviertelstunde einrechnen.

Mit einem fröhlichen »Good Morning Mobility« begrüßte eine Radiostation das neue mobile Zeitalter der Stadt. Denn die Standseilbahn hat mit ihren beiden Haltestellen nun sowohl eine Anbindung an die Tram als auch ans Schienennetz der Bahn geschaffen. Wegen des Bauprojekts mussten am Kirchberger Hang mehrere Bäume gefällt werden. Zum Ausgleich pflanzte die CFL (Gesellschaft der Luxemburgischen Eisenbahnen) 2.200 junge Rotbuchen und verpflichtete sich, sechs Jahre lang finanziell für ihren Erhalt zu sorgen.

Adresse Bahnhof Pfaffenthal-Kirchberg und Tramstation Rout Bréck-Pafendall | **Öffnungszeiten** täglich durchgehend in Betrieb | **Tipp** Vom Bahnhof der Standseilbahn hat man sowohl eine Anbindung an die Eisenbahn als auch, unten im Tal, an die Buslinien 10 und 11. Vom Pfaffenthal aus kann man eine schöne Wanderung unternehmen, die zu den Vauban-Türmen (siehe Ort 57) führt.

101 Der Stuhl

Sitz einer wichtigen europäischen Institution

Wer an der Europäischen Investitionsbank (EIB) vorbeikommt und vor ihrem Eingang den kolossalen, roh gearbeiteten Riesenstuhl sieht, begreift die Bedeutung des Kunstwerks vielleicht nicht sofort. Aber irgendwann wirkt der sechs Meter hohe und drei Meter breite Stuhl im Bewusstsein. Und dann, heureka!, hat man den Geistesblitz: Aha, gemeint ist der mächtige Sitz einer Bank.

Der aus nachhaltig erwirtschaftetem bolivianischen Cambara-Holz gefertigte Stuhl nimmt wahrlich viel Raum im kleinen, von den Italienern Bruno Centola und Marco Pozzoli konzipierten Park ein. Immerhin wiegt er 18 Tonnen.

Die Europäische Investitionsbank erwarb dieses kolossale Sitz-möbel der tschechischen, schon früh nach Düsseldorf emigrierten Künstlerin Magdalena Jetelová zu einem Zeitpunkt, als sie kurz vor ihrer Erweiterung stand. Auch die Europäische Union öffnete sich gerade dem Osten, als das Kunstwerk im Jahr 2000 eingeweiht wurde.

Die Möbelstücke der Bildhauerin und Fotografin sind überdimensional und nehmen sich den Raum, den sie brauchen. Wie jener Stuhl auf einer Treppe im Foyer des Museums für angewandte Kunst in Prag, dessen rechtes vorderes Bein surreal auf die nächsttiefere Treppenstufe weiterwächst. Ein voranschreitendes Möbel sozusagen. Oder wir sehen die zierliche Künstlerin im Museum of Modern Art in New York mit der Motorsäge hantieren und Stühle fertigen, die perfekt das Land der Riesen möblieren könnten. Metaphorische Werke, die kokett ihre mannshohen Stuhlbeine tänzerisch heben und spreizen. Viele von Magdalena Jetelovás Arbeiten weisen deutliche Spuren der groben Werkzeuge auf, so auch der standfeste Stuhl auf dem Kirchberg.

Das Kunstwerk verschönert den Sitz der Europäischen Investitionsbank. Einer nützlichen Bank, die angesichts ihrer weltweiten Aktivitäten über sich hinauswächst, genauso wie der Stuhl von Magdalena Jetelová.

Adresse 100, Boulevard Konrad Adenauer, 2950 Luxemburg | **ÖPNV** Bus 1, 7, 16, 18, Haltestelle B.E.I. | **Öffnungszeiten** frei zugänglich | **Tipp** In der Rue Léon Hengen 10 findet man ein Restaurant namens »Kyosk«, das allerdings nur zur warmen Jahreszeit geöffnet hat. Es wendet sich an alle Liebhaber des Boule-Sports, serviert den Gästen einen guten Rosé und veranstaltet verrückte Events wie die »Sunset Yoga Session«.

102_ Sunny Dandy Afternoon …

Die wunderbare Welt der Anne Melan

Die »Confiserie & Patisserie Namur« kennt in Luxemburg jedes Kind. Weniger bekannt sein dürfte eine süße Leckerei namens *Luxemburgerli*, die der einst im Namur arbeitende luxemburgische Zuckerbäcker Camille Studer in Zürich erfunden hat. Und wohl ebenso unbekannt dürfte sein, dass es eine künstlerische Erweiterung der »Confiserie Namur« gibt. Denn gleich neben den Schaufenstern, um die Ecke in der Rue Beaumont, gehen täglich Hunderte von Passanten an einem opulent bemalten Garagentor vorbei.

Das Kunstwerk heißt mit vollem Titel »Sunny Dandy Afternoon with Coffee, Chocolate & Champagne« und stammt von der luxemburgischen Künstlerin Anne Melan. Es war im Sommer 2015, da saßen die Tochter des Confiserie-Besitzers und die mit einem ausgeprägten Faible für fröhliche Kunst ausgestattete Anne Melan in der Café-Bar »Vis-á-Vis« und betrachteten das triste Garagentor. Da sich beide gleich sympathisch waren, bekam Anne Melan den Auftrag, eine Arbeit zu gestalten, die zum Charakter der Confiserie passt und als optische Illusion gleichsam eine Erweiterung des Cafés darstellen sollte.

Melan fertigte zuerst eine Vorlage an, die in etwa halb so groß wie die Garage ist. Das Aquarell in den drei Primärfarben Gelb, Magenta und Cyan gefiel dem Hause Namur, und so malte die Künstlerin eine fröhlich feiernde und sich dem Genuss hingebende Gesellschaft auf das Tor. Mit einem kleinem Augenzwinkern hat Anne Melan, neben einigen Damen mit Törtchen, einen mit dandyhafter Eleganz ausgestatteten Oscar Wilde in das Triptychon gezaubert. Und wer genau hinsieht, wird sicher auch seine lässige Handgeste, mit der er nach den Törtchen greift, wiedererkennen: Mit derselben Bewegung strecken sich Gott und Adam im Deckenfresko der Sixtinischen Kapelle ihre Hände entgegen. Die Erschaffung der Welt als süße Köstlichkeit.

Adresse 27, Rue des Capucins, 1313 Luxemburg | **ÖPNV** Bus 9, 10, 11, 14, 19, 750, Halte-
stelle Badanstalt | **Öffnungszeiten** frei zugänglich | **Tipp** Die auf der anderen Straßenseite
gelegene Café-Bar »Vis-á-Vis«, in der die Idee für das Kunstwerk geboren wurde, ist ein
uriges Lokal nach alter Manier mit gutem Kaffee und kessen Wandbildern. Sehenswert ist
auch das Atelier von Anne Melan, »1535° creative hub«, in dem Ort Differdange.

103 Superjhemp im Europahaus

Der mit Kochkäse gedopte Nationalheld

Es gibt ein zähflüssiges Grundnahrungsmittel im Großherzogtum, das sich *Kachkéis* (Kochkäse) nennt und dessen Faszination sich Außenstehenden nicht sofort erschließt. Trotz seines unvorteilhaften Aussehens und der dauerhaft leimartigen Konsistenz genießt das Sauermilcherzeugnis in Luxemburg Kultcharakter. Im Ausland lebende und dort an *Kachkéis*-Mangel leidende luxemburgische Studenten schmuggeln den nahezu fettfreien Käse wegen des guten Geschmacks in ihre Wahlheimat.

Kult ist in Luxemburg auch Superjhemp, eine Comicfigur des Texters Lucien Czuga und des leider viel zu früh verstorbenen Zeichners Roger Leiner. Natürlich ist es der *Kachkéis*, der Superjhemp die Fähigkeit zu fliegen, aber auch andere Superkräfte verleiht. Wenn er sich zur Rettung von Luxusbuerg (!) in die Lüfte erhebt, fliegt er, im Gegensatz zum amerikanischen Superman und dem mit Camembert gedopten französischen Superdupont, typisch luxemburgisch, ganz entspannt, mit den Händen in der Hosentasche.

Wie mir Lucien Czuga, der Texter, glaubhaft versicherte, eignet sich luxemburgischer Kochkäse auch hervorragend als Tapetenkleister und zum Kleben kaputter Porzellanteller. Wie das Luxembourg Science Center nachweisen konnte, kann auch der stärkste Mann der Welt zwei mit getrocknetem Kochkäse verklebte Teller nicht mehr trennen. Ein wahres Superfood also.

Ein Zuhause in der Stadt Luxemburg hat der *Kachkéis*-Held Superjhemp mittlerweile im Europahaus gefunden, dem Sitz der Vertretung des Europäischen Parlaments. Er steht im Informationszentrum und hilft außer Luxemburg auch allen anderen Ländern der EU, indem er als Berater zur Verfügung steht. Da der Verbund der EU teils enormen Fliehkräften ausgesetzt ist, kann ja ein wenig Kochkäse nicht schaden, um das Europäische Haus zusammenzuhalten.

Adresse 7, Rue du Marché-aux-Herbes, 2920 Luxemburg | **ÖPNV** Bus 19, Haltestelle
Kasinosgaass, Centre | **Tipp** Das Informationszentrum im Europahaus steht allen
europäischen Staatsbürgern offen. Es dient der Förderung der Kommunikation zwischen
der Instanz EU und der Bevölkerung. Also nur Mut, hereinspaziert und Fragen stellen.

104_ Die Tai Chi Single Whip
Chinesische Beharrlichkeit im Parc Heintz

Eine Skulptur aus groben, mächtigen Granitblöcken praktiziert in einem ruhigen Park Tai-Chi Chuan. Eine Kampfkunst, die sich eher durch fließende Bewegungen auszeichnet als durch starres, steinernes Verharren. Dennoch strahlt das Kunstwerk des taiwanesischen Bildhauers Ju Ming Eigenschaften aus, die man im Tai-Chi Chuan sehr gut gebrauchen kann: Ruhe, Gelassenheit und Beharrlichkeit.

Man findet die Figur am Eingang eines Skulpturenparks, der nach Joseph Heintz, dem Gründer eines Zigaretten- und Tabakimperiums, benannt wurde und den die Luxemburger Heentze Park nennen. In den 70er Jahren wurde er von der Banque Internationale à Luxembourg, kurz BIL, erworben und im Jahr 2000 der Öffentlichkeit zugänglich gemacht. Die BIL, die sich seit Jahren für die Internationalisierung der chinesischen Währung Renminbi einsetzt und 2017 von einer chinesischen Holding gekauft wurde, investiert auch in Kunst und nahm das außergewöhnliche Werk von Ju Ming in die Sammlung des Parks auf.

Wer durch die Grünanlage spaziert, gelangt am Ende einer akkurat geschnittenen Grasfläche zu einer gewellten weißen Bank, ein Kunstobjekt, auf dem man auch Platz nehmen darf. Auf einem Rundgang kommt man an weiteren, über den gesamten Park verteilten Skulpturen, zum Beispiel von Lucien Wercollier, Bertrand Ney und Lynn Chadwick, vorbei, bis man schließlich wieder vor der beharrlich und unermüdlich übenden Granitfigur von Ju Ming steht.

Die vom Künstler in Stein eingefrorene Haltung nennt sich Single Whip (Einfache Peitsche) und gilt als die Schlüsselposition im Tai Chi. In ihr kommt es zu einer plötzlichen, wie der Name schon sagt, peitschenartigen Kraftentfaltung. Ein Bewegungsablauf, der auch in vielen anderen chinesischen Kampfkünsten angewendet wird. Es ist kaum möglich, eine Schlagbewegung wie die der Single Whip zu stoppen, sobald sie begonnen hat.

Adresse 69, Route d'Esch, 2953 Luxemburg | **ÖPNV** Bus 17, 165, 202, 203, 212, 321, 325, CN 3, Haltestelle Heentze Park, Hollerich | **Tipp** In der Nähe des Parks führt die Rue de Semois hinunter ins Tal der Petrusse. Dort, am Boulevard de la Pétrusse, steht die schöne, alte, jedoch weitgehend unbekannte Villa Pauly mit ihren schlossartigen Ecktürmen.

105 Das Théâtre du Centaure

Intensität und Intimität im historischen Gewölbekeller

Mehr als 50 rote Sitze und eine Bühne passen nicht hinein in diesen kleinen, etwas versteckt gelegenen Gewölbekeller, der vielen Luxemburgern immer noch als Geheimtipp gilt. Wegen der räumlichen Nähe von Bühne und Publikum lässt sich die Atmosphäre eines Stücks und der Applaus danach nirgends intensiver erleben als in diesem Theater. Der kleine Saal, den die Besucher über eine schöne Wendeltreppe aus Stein erreichen, liegt genau an der Stelle, wo man früher durch ein Tor der zweiten Festungsmauer ins Stadtzentrum gelangte.

Wie beliebt das 1973 auf Initiative von Philippe Noesen gegründete Théâtre du Centaure ist, zeigt die Rekordquote von über 90 Prozent belegter Zuschauerplätze. Die unabhängige, private Bühne, die neben zeitgenössischen Stücken auch Neuinterpretationen klassischer Werke im Programm hat, ist auch international sehr erfolgreich. So nahm das Theater bereits mehrmals am »Festival Off d'Avignon« teil, dem größten alternativen Theaterfestival der Welt. Seit Bestehen des Kellertheaters haben über 150 Stücke hier Premiere gefeiert, und jährlich kommen vier bis fünf weitere Inszenierungen hinzu, die jeweils in den drei Landessprachen Französisch, Deutsch und Luxemburgisch aufgeführt werden.

Die künstlerische Leitung liegt in den Händen der Schauspielerin und Regisseurin Myriam Müller, die als Nachfolgerin von Marja-Leena Junker das Théâtre du Centaure maßgeblich geprägt hat. Frauen sind es auch, die dieses Theater weiterhin prägen und sich an so schwierige Bühnenthemen wie Überbevölkerung und globale Erwärmung heranwagen, wie die Inszenierung des Stücks »Earthquake« von Duncan MacMillan zeigt.

Da, wie bereits eingangs gesagt, die Zuschauer unmittelbar an der Bühne sitzen und mitunter in das Geschehen einbezogen werden, werden sie an diesem Ort der verdichteten Energie gleichsam zu Verbündeten der Schauspieler.

Adresse 4, Grand Rue, 1660 Luxemburg | **ÖPNV** Bus 19, Haltestelle Kasinosgaass oder 9, 10, 11, 12, 14, 19, 20, Haltestelle Badanstalt | **Tipp** Der Durchgang, in dem der Eingang des Théâtre du Centaure zu finden ist, führt auch zur kleinen Terrasse des Bistro-Restaurants »Tatties«. Wer sich für Poetry Slam interessiert und köstliche Snacks sowie guten Wein schätzt, ist hier an der richtigen Adresse.

106 — Das Théâtre National de Luxembourg

Glühende Schauspielkunst in alter Schmiede

Manchmal entfaltet modernes Theater erst an unwirtlichen Orten wie einstigen Industrieanlagen seine volle Wirkung. Das gilt für das älteste Theaterfestival Europas, die Ruhrfestspiele. Und das gilt auch für das Nationaltheater in Luxemburg. Hier ist es eine ehemalige Schmiede, in der das Théâtre National de Luxembourg eine Heimat gefunden hat. Zuvor trat das Ensemble acht Jahre lang an wechselnden Orten auf. Den Künstlern um den Intendanten Frank Hoffmann war die Verwirklichung ihrer Ideen lange Zeit wichtiger als ein eigenes Haus. Bis dann im Jahr 2005 die Schmiede zum festen Spielort des Nationaltheaters wurde.

Abbildungen der alten Werkstatt sind an den Wänden des Foyers zu sehen. Eine noch vorhandene Esse wird geschickt ins Bühnenbild und oft auch in die Handlung integriert. So wärmt sich Hamlet seine Hände am originalen Herd der Metallarbeiter. Im Laufe der Jahre haben Theatergrößen wie Peter Brook und Maximilian Schell hier gespielt und inszeniert.

Für das mehrsprachige Ensemble, das sich übrigens als einziges Theater des Landes eine eigene Schneiderei leistet, sind aktuelle Themen von zentraler Bedeutung. Für großes Aufsehen sorgte ein Stück über Grenzen und Flüchtlinge, bei dem die Zuschauer vor Betreten des Theaters an einer eigens errichteten Kontrollstelle ihre Pässe vorzeigen mussten. Realitätsnähe kann auch zur Eskalation führen. Auf skurrile Weise geschah das während der Proben zu »Homebody Kabul« von Tony Kushner. Als vier mit Schusswaffenattrappen ausgestattete arabische Schauspieler auf einer Straße in Merl unterwegs waren, geriet eine Anwohnerin in Panik. Bald schon kreisten drei Hubschrauber der Terrorbekämpfung über dem Theater. Glücklicherweise gab es, dank der beschwichtigenden Rufe des Musikers René Nuss, dies sei doch »alles nur Theater«, keine Verletzten oder gar Toten.

Adresse 194, Route de Longwy, 1940 Luxemburg | **ÖPNV** Bus 5, 6, 213, 215, 398, 399, 751, CN 2, Haltestelle Place de France, Belair | **Tipp** Gleich gegenüber vom National-theater hat einer der besten Geigenbauer Luxemburgs seine Werkstatt. Michel Faber, der in Bordeaux und Metz sein Handwerk erlernte, repariert und restauriert auch andere alte Instrumente.

107 — Der Théiwesbur

Ein Kneippsches Tretwasserbecken am historischen Brunnen

Im Pfaffenthal war Wasser von jeher das bestimmende Element. Schließlich wurde es vom Fluss Alzette geschaffen, der sich im Laufe der Jahrtausende tiefer und tiefer in den Sandstein gegraben hat. Im *Dällchen*, wie die Luxemburger ihr Tal liebevoll nennen, siedelten sich Handwerker an, für deren Arbeit Wasser unabdingbar war: Weber, Färber, Walker und Gerber, aber auch Müller, Bierbrauer und Wäscherinnen. Zudem gab es im Pfaffenthal den Berufsstand der Wasserträger, die für den Transport des frischen Trinkwassers aus den öffentlichen Brunnen zuständig waren.

Die nicht gerade günstige Handelsware Frischwasser wurde von den Trägern in zwei an einer hölzernen Tragestange befestigten Holzeimern am Théiwes-Brunnen geschöpft und mühsam in die Oberstadt befördert. Auch das zur Brandbekämpfung eingesetzte Wasser musste über die Treppe des sogenannten Brandgässel nach oben gebracht werden.

Bereits im Mittelalter gab es neben den vielen privaten Brunnen auch öffentlich zugängliche wie den Hondhaus-Brunnen, den Eichtorbrunnen und ebenjenen besagten Théiwesbur. Genau an der Stelle des nach dem Altluxemburger Rufnamen für Matthäus benannten Brunnens vermuten Historiker den Beginn der Besiedlung der späteren Stadt. In seiner Umgebung fand man zudem Spuren einer uralten Kultstätte.

Das Pfaffenthal war einst auch sozialer Brennpunkt. Fritz Weimerskirch verfasste Ende der 1920er Jahre ein Klagelied auf die damalige rüde Sanierungspolitik, in dem er den Abriss der Häuser und die Vertreibung der ärmeren Familien aus der Sichegaass und ihrem geliebten Viertel um den Théiwesbur anprangerte.

Auf der anderen Straßenseite des Théiwesbrunnens, dort, wo einst die Wäscherinnen ihre Wäsche schrubbten und dann auf einer Wiese am Flussufer trockneten und bleichten, hat die Stadt 2016 ein ganztägig zu nutzendes, öffentliches Kneippsches Tretwasserbecken angelegt.

Adresse 1, Rue Vauban, neben der Kirche Saint Mathieu, 1124 Luxemburg | **ÖPNV** Bus 23, Haltestelle Théiwesbur | **Tipp** Die gleich neben dem Brunnen gelegene, 1847 gegründete Kirche St. Matthias feiert am 21. September das Fest ihres Patrons, der auf Luxemburgisch der heilige »Théiwes« genannt wird.

108 Das Trambahnmuseum
Vergangene und zukünftige Mobilität der Stadt

Die Zukunft kann sehr schön aussehen. Der lange farbige Zug der neuen Tram entfaltet vor allem im nächtlichen Dunkel seine optische Wirkung und verdreht Wartenden und Passanten den Kopf. Luxemburg hat endlich wieder eine Tram, nach über 50 Jahren auf Entzug. »Stater Tram« heißt diese Straßenbahn, die im Dezember 2017 in Betrieb genommen wurde.

Doch die Stadt bewahrt auch das Andenken an die fauchenden, dampfenden und sogar Pferdeäpfel produzierenden Vorfahren der heutigen Tram. So gab es von 1875 bis 1908 ein fast drei Kilometer langes Pferde-Straßenbahnnetz. Nachdem das alte, nach Motoröl riechende Tramdepot, der *Tramsschapp*, auf dem Limpertsberg schließen musste, wurde man in Hollerich fündig. Dort fand 1991 die Einweihung des Straßenbahn- und Busmuseums statt, das die Luxemburger *Tramsmusée* nennen. Neben historischen Fotos und alten Fahrplänen ist dort eine in Originalgröße nachgebaute Pferde-Straßenbahn zu sehen. Und natürlich die letzte alte Straßenbahn des Landes, jener berühmte Wagen Nr. 34, der am 5. September 1964, am Tage seiner Stilllegung, von Tausenden am Straßenrand stehenden Luxemburgern wehmütig winkend verabschiedet wurde.

Zu den Ausstellungsstücken des Museums gehören auch Modelle verschiedener Omnibusfahrzeuge und Straßenbahnwagen, die jemals in Luxemburg verkehrten. Vor dem Gebäude wurde eigens ein Gleis von 80 Meter Länge angelegt, damit Besucher im Sommer mit dem Wagen Nr. 34 das Depot verlassen können, um ein wenig altes Straßenbahnflair zu genießen. Eine hell tönende Glocke ist vorhanden, die Warnrufe des Straßenbahnführers muss man sich hinzudenken.

Auch andere Fahrzeuge haben im Museum einen Platz gefunden. So gibt es unter anderem zwei Straßenbahntrailer, eine Busnachbildung in Originalgröße, zwei Busse und ein spektakuläres Auto der Marke Ford, das zur Wartung der Oberleitungen eingesetzt wurde.

Adresse 63, Rue de Bouillon, 1248 Luxemburg | **ÖPNV** Bus 125/1, Haltestelle Hollerich, Garage AVL | **Öffnungszeiten** Do 13.30−17.30 Uhr, Sa und So 10−18 Uhr | **Tipp** Entlang der Busstrecke liegt »Den Atelier«, eine Konzertbühne in einer ehemaligen Autowerkstatt, in der heute internationale Stars auftreten (54, Rue de Hollerich, Haltestelle Hollerich, Fonderie).

109_ Der TROC
Trödelmarkt der irren Sachen

Wer käme je auf die Idee, eine blecherne Truppe musizierender Ameisenmenschen zu kaufen und mit nach Hause zu nehmen? Oder einen mannshohen schwitzenden Gorilla aus glasierter Schwarzkeramik im halben Lotussitz? Beim Rundgang durch die Hallen des Trödelmarkts TROC im Stadtteil Hollerich offenbart sich eine mitunter skurrile Warenwelt, in der man viel über die möglichen Irrwege des Geschmacks erfahren kann. Aber man erfährt auch viel über die Luxemburger und ihren Erfindungsreichtum. Ein wie vom Wind nach oben gebogener Regenschirm wird als Regenschutz für Hunde angepriesen. Herrchen hält den Schirm einfach nach unten, und der Hund wird nicht nass. Eine geniale Idee, die man sich patentieren lassen könnte.

Irgendjemand muss das alles einmal im Trödelmarkt abgegeben haben. All die Ritterrüstungen, die blinkenden UFOs, die Krankenschwesterkostüme mit rotem Kreuz. Aber die meisten Luxemburger, die zum Kaufen an diesen Ort kommen, haben anderes im Blick: Kommoden, Sofaecken, einen elektrisch verstellbaren Fernsehsessel für die *Groussmamm* (Oma). Das flohmarktverrückte Belgien scheint Einfluss auf den Nachbarn im Süden zu haben. In konzentrierter Ruhe arrangieren die Mitarbeiter segnende Päpste aus grellbuntem Plastik neben wertvollen Jugendstil-Säulentischen von 1910.

Im Französischen bedeutet das Wort *troc* »Handel ohne Geld«. Die gleichnamige Handelskette ist eigentlich nichts anderes als eine kommerzielle Umschlagstation für Möbel, Ramsch und Raritäten, die Waren in Kommission nimmt. Nicht verkaufte Gegenstände werden wieder abgeholt oder jeden Monat um zehn Prozent im Preis gesenkt, bis sich hoffentlich doch noch ein Käufer findet. Was den Trödelmarkt TROC in Luxemburg so besonders macht, ist die Klientel, die mit einer Selbstverständlichkeit neben Ramsch auch Kostbarkeiten zum Verkauf bringt, die Händler in anderen Städten vor Neid erblassen lassen würden.

Adresse 83, Rue de Hollerich, 1741 Luxemburg | **ÖPNV** Bus 1, 4, 125/1, Haltestelle Hollerich Jean-Baptiste Merkels | **Öffnungszeiten** Mo–Fr 9.30–18.30 Uhr, Sa 9.30–18 Uhr, So geschlossen | **Tipp** Gleich gegenüber bietet das »Gastronomica« kalabrische Spezialitäten an (siehe Ort 38).

110 Die Villa Louvigny

Zoo, Reitstall, Nazibunker, Funkhaus von RTL

Ursprünglich 1675 als spanischer Festungsturm errichtet, zeigte sich die Villa Louvigny in den folgenden Jahrhunderten durchaus wandlungsfähig. So war sie Gasthaus, Tanzlokal, Privatzoo, Fernseh- und Radioturm von RTL sowie Gesundheitsministerium. Zu den darunter liegenden Kasemattentunneln kommen wir später.

Der nach einem spanischen Kommandanten benannte Turm feierte 1869 unter dem Namen Villa Louvigny seine Eröffnung. Zu jener Zeit, bemerkt der Schriftsteller Batty Weber, sei man noch sehr verschwenderisch mit der Bezeichnung Villa umgegangen. Das einzige Vergnügungslokal der Stadt war mit seinen Festungsresten recht schmucklos. Weber nannte die Villa deshalb auch das »Krebsgeschwür im Stadtpark«.

Ab 1894 wurden in der Villa Tauben, Fasane, Papageien und Affen zur Schau dargeboten. Der Privatzoo wurde damals feierlich als »Acclimatations- und Geflügelzuchtgarten« eröffnet. Noch im selben Jahr versuchten sich in einer Aufführung kahlköpfige Männer mit Zwirbelschnurrbärten als »Kraftmenschen« am Zerreißen von Ketten und Stemmen von Hanteln.

Besichtigen kann man heute die Unterwelt der Villa. »Festungsfreund« Jean-Luc Linster führt zu einem unterirdischen Eingang der Kasemattengänge, die früher von großen Fledermauskolonien besiedelt waren. Die geschützten Gänge sind gut erhalten geblieben. Die zahllosen unterirdischen Bastionen, Gräben und Verliese mussten wohl jeden Feind entmutigen. Im dichten Netz der Bunker und Gänge gab es sogar Reitställe. Das Fundament und das erste Stockwerk der Villa stammen noch aus der Festungszeit. Dieses Gebäude wurde wahrlich auf unterschiedlichste Weise genutzt: Während unter ihm von 1940 bis 1944 Bunkerräume Schutz boten, richtete Jahre später, oben im Turm, ein Fernsehsender seine Studios und Säle ein, in denen in den Sechzigern zweimal der »Grand Prix Eurovision de la Chanson« ausgetragen wurde.

Adresse Allée Marconi, 2120 Luxemburg | **ÖPNV** Bus 1, 7, 16, 120, 144, 172, 192, 194, 195, Haltestelle Hamilius, von dort 6 Minuten Fußweg | **Tipp** Führungen in das unterirdische Reduit erfolgen durch die Festungsfreunde Luxemburg (»Frënn vun der Festungsgeschicht Lëtzebuerg«, FFGL). Anfragen bitte per Mail an guide@ffgl.lu richten.

111 Das Vins Fins
Entdeckungsreise in neue Geschmackswelten

Was machen Menschen wie François Dickes, der jahrzehntelang in der Filmbranche gearbeitet hat, und seine Partnerin Rostislava Petkova, wenn sie entdecken, sie wollen mehr vom Leben und brauchen eine Veränderung? Ganz einfach, sie steigen in einen alten Kastenwagen und begeben sich auf ihren eigenen filmreifen Trip. Auf die Suche nach einem genussreichen Leben. Die beiden machen eine Roadtour durch Frankreich, fahren in das Elsass, schlemmen sich durch den Burgund, die Côte du Rhône und die Camargue und entdecken ihre Leidenschaft für biologisch und biodynamisch erzeugte Weine. Bio-Weine zeichnen sich vor allem durch ihren geringen Gehalt an Sulfiden aus. Das heißt: kein Kopfweh am nächsten Tag und eine entspannte Weiterfahrt im Camionnette. Sie besuchten über 40 Weingüter, wählten neun Weine aus, absolvierten noch ein Weinseminar in Lyon und kehrten zurück nach Luxemburg.

Weil es zu jener Zeit im Großherzogtum keinen einzigen Weinhändler gab, der ausschließlich biodynamisch angebaute Weine anbot, gründeten die beiden die Firma »Terrae«, die Natur-Weine vertreibt und Verkostungen für jedermann anbietet. Und dann wurden sie Pächter dieses hübschen Restaurants mit kleiner Terrasse unten im Grund, das sie »Vins Fins«, also »Die feinen Weine«, nannten.

Der Wein-Bar sieht man die Erfahrung des ehemaligen Requisiteurs und Bühnenbildners an. Eine gelungene Mischung aus Retro und modern. Einfach und authentisch. Von den feinen Weinen sei der »Terre des Chardons« herausgehoben, seidig und mit geringem Tanningehalt, und ebenso der »Château Les Miaudoux« aus Bergerac, ein sehr geschmeidiger Wein mit zarten Pfirsichnoten.

Dass man im »Vins Fins« einen Sinn für Stil und Ästhetik hat, davon zeugen auch die schön arrangierten Gourmet-Platten mit Käse aus der Region, lokalen Schinkensorten und Wurstwaren und einer zart auf der Zunge zergehenden Foie gras.

Adresse 18, Rue Münster, 2160 Luxemburg | **ÖPNV** Bus 23, Haltestelle Stadgronn, Bréck (oder per Felsenlift vom Plateau du Saint Esprit). Über die Alzettebrücke und dann nach links in die Rue Münster. | **Öffnungszeiten** Di–Sa 17–24 Uhr, So und Mo geschlossen | **Tipp** In der »Liquid Bar« gegenüber und im »Aula«, gleich um die Ecke in der Rue de Trèves, geht das Nachtleben noch bis 1 Uhr weiter.

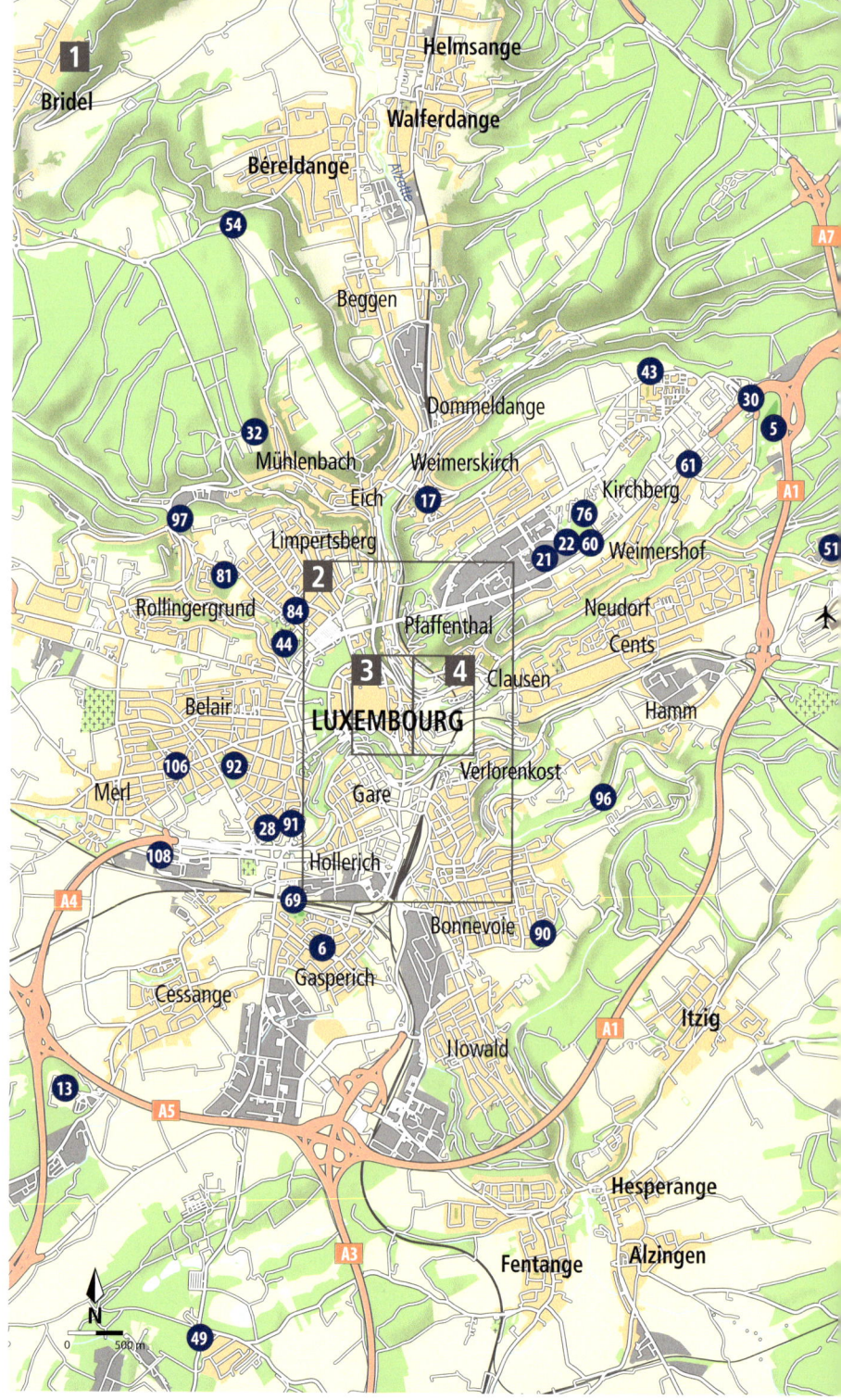

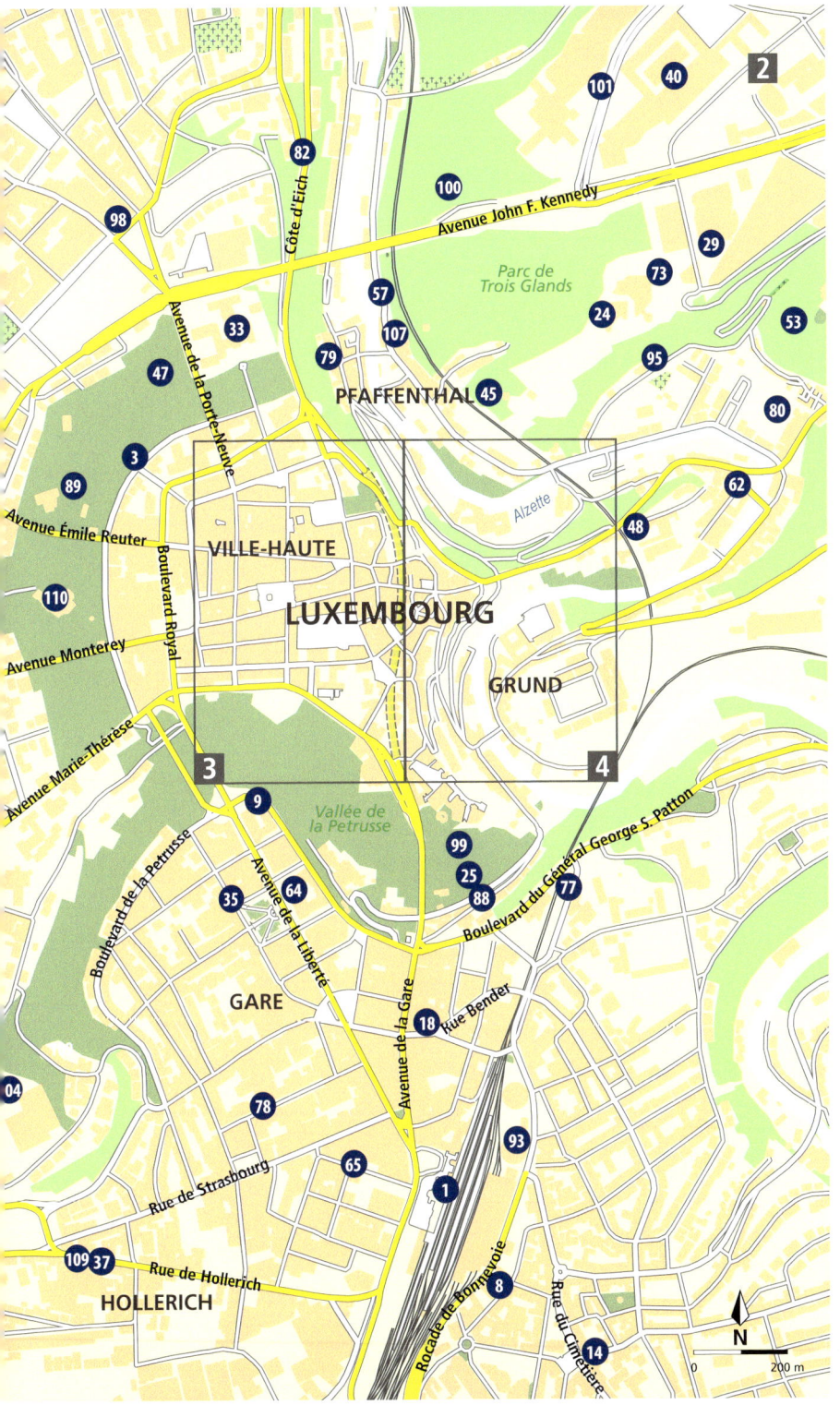

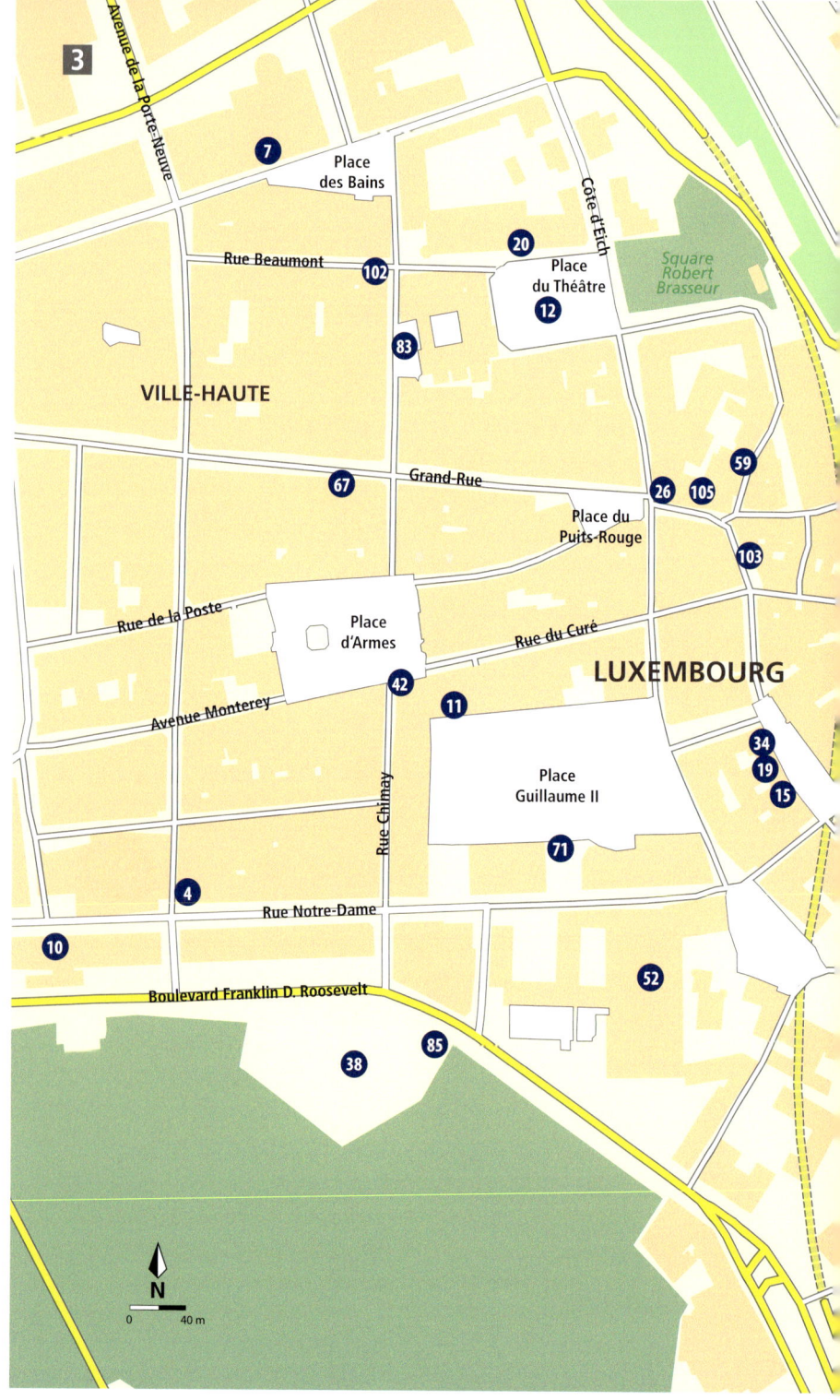

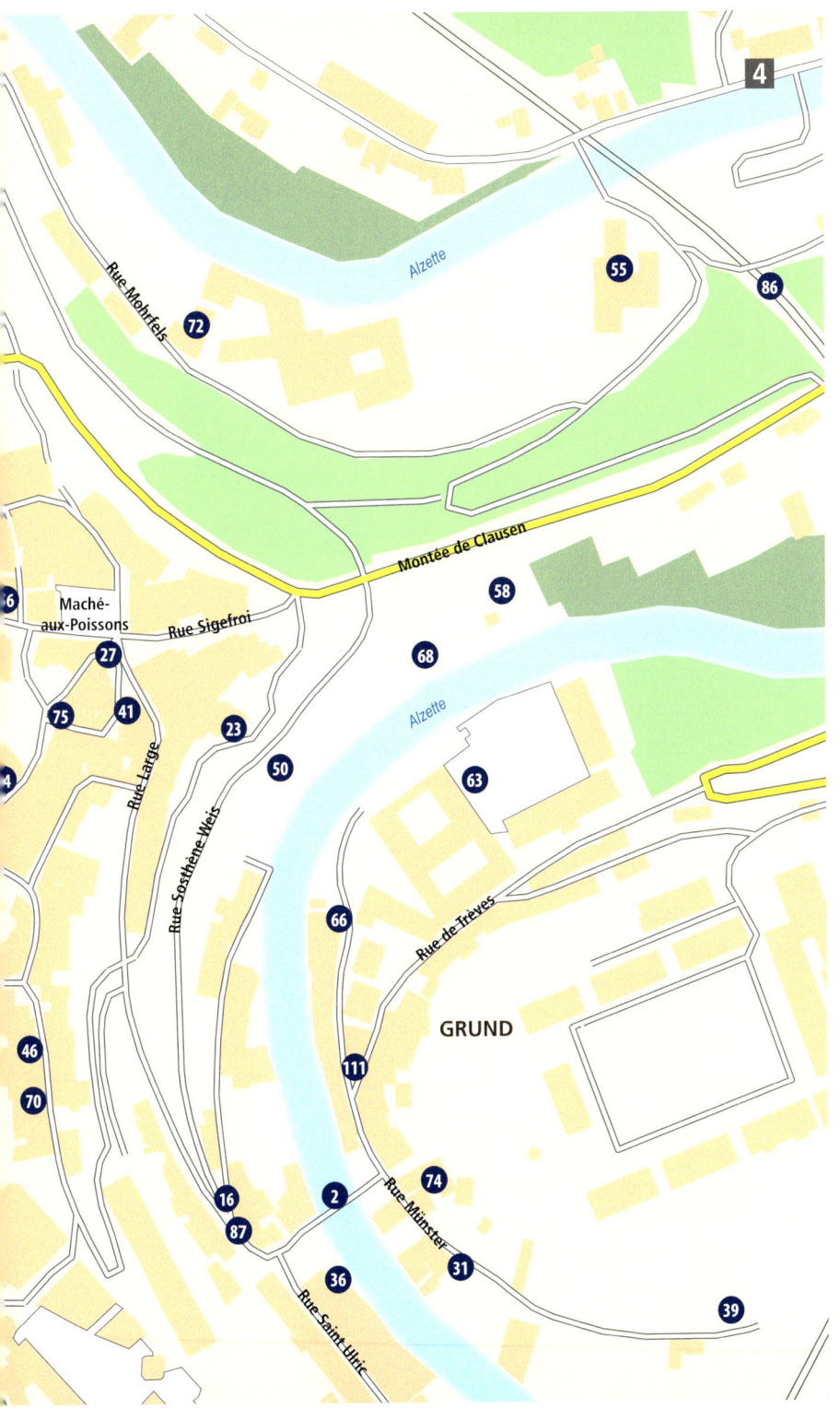

Barbara Krull
111 Orte am Kaiserstuhl, die man gesehen haben muss
ISBN 978-3-95451-562-2

Peter Bieg, Maximilian Staub
111 Orte in Trier, die man gesehen haben muss
ISBN 978-3-95451-848-7

Alexander Barth, Eckhard Heck
111 Orte in Aachen und der Euregio, die man gesehen haben muss
ISBN 978-3-89705-931-3

Eckhard Heck
111 Orte in Maastricht, die man gesehen haben muss
ISBN 978-3-95451-368-0

Alexander Barth, Jenny Roder
111 Orte in Lüttich, die man gesehen haben muss
ISBN 978-3-95451-925-5

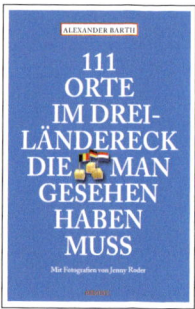

Alexander Barth, Jenny Roder
111 Orte im Dreiländereck, die man gesehen haben muss
ISBN 978-3-95451-316-1

Kay Walter, Rüdiger Liedtke
111 Orte in Brüssel, die man gesehen haben muss
ISBN 978-3-7408-0128-1

Peter Gitzinger
111 Orte im Saarland, die man gesehen haben muss
ISBN 978-3-89705-709-8

Peter Gitzinger
111 Orte im Saarland, die man gesehen haben muss. Band II
ISBN 978-3-89705-886-6

HP Mayer
111 Orte im Rheingau, die man gesehen haben muss
ISBN 978-3-95451-918-7

Elisabeth Friesenhahn, Peter Friesenhahn
111 Orte im Hunsrück, die man gesehen haben muss
ISBN 978-3-95451-319-2

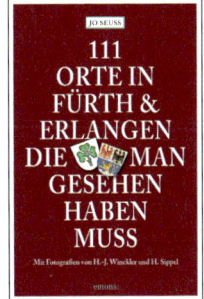

Jo Seuß
111 Orte in Fürth und Erlangen, die man gesehen haben muss
ISBN 978-3-95451-416-8

Gregor Nagler
111 Orte in Augsburg, die man gesehen haben muss
ISBN 978-3-95451-598-1

Marko Roeske
111 Orte im Bayerischen Wald, die man gesehen haben muss
ISBN 978-3-95451-328-4

Dorothee Fleischmann
111 Orte im Taunus, die man gesehen haben muss
ISBN 978-3-7408-0126-7

Anke Müller
111 Orte an der Mosel, die man gesehen haben muss
ISBN 978-3-95451-325-3

Christina Kuhn, Christian Löhden
111 Orte in der Pfalz, die man gesehen haben muss
ISBN 978-3-95451-085-6

Stefanie Jung
111 Orte in Rheinhessen, die man gesehen haben muss
ISBN 978-3-95451-082-5

Stefanie Jung
111 Orte in Mainz, die man gesehen haben muss
ISBN 978-3-95451-041-2

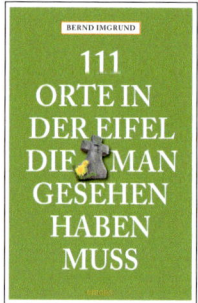

Bernd Imgrund
111 Orte in der Eifel, die man gesehen haben muss
ISBN 978-3-95451-003-0

Sybil Canac, Renée Grimaud, Katia Thomas
111 Orte in Paris, die man gesehen haben muss
ISBN 978-3-95451-847-0

Ralf Nestmeyer
111 Orte in der Normandie, die man gesehen haben muss
ISBN 978-3-95451-839-5

Barbara Krull
111 Orte im Elsass, die man gesehen haben muss
ISBN 978-3-95451-596-7

Rüdiger Liedtke
111 Orte in München, die man gesehen haben muss
ISBN 978-3-89705-892-7

Lust auf mehr? Laden Sie sich die »LChoice«-App runter, scannen Sie den QR-Code und bestellen Sie weitere Bücher direkt in Ihrer Buchhandlung.

Hier bestellen

Herzlichen Dank

Ohne Eure Hilfe wäre dieses Buch nicht das geworden, was es heute ist.

Claudine Als, Martine Backendorf, Evamarie Bange, Claudine Bechet-Metz, Simone Beck, Claude Bertemes, Max Biell, Tanja Bollendorf, Lisa Büscher, Georges Calteux, Fernand Colbach, Jean-Claude Conter, Yves Conrardy, Lucien Czuga, Laurent Daubach, Francis Delaporte, Joël Delvaux, Georges Dessouroux, Armelle Elting de Labarre, Heinz Hermann Elting, André Feller, Claude Feltes, Boris Fuge, Cathy Giorgetti, Robert Granella, Camille Hammer, Thomas Happel, Georges Hausemer, Maggy Harsch-Backes, Roland Harsch, Georges Hellinghausen, Martine Hemmer, Michèle Hilger-Henricy, Romain Hilger, Frank Hoffmann, Belén Irazola Uribe, Julie Jephos, Patricia Kariger, Marc Kiefer, Roland Kirch, Elisabeth Kirsch, Laurent Klees, Marianne Kollmesch, Pierre Kremer, Klaas Lageweg, Alex Langini, Jean-Luc Linster, Ingo Maurer, Steph Meyers, Joe Molitor, Jean Luc Mousset, Myriam Muller, Norbert Nickels, Hartmut Ost, François Quintus, Robert L. Philippart, Romain Rech, Giacomina Riceputi, Marion Rockenbrod, Sandra Schwender, Jean-André Stammet, Mili Tasch-Fernandes, Guy Thewes, Patrick Vandenbosch, Michel Wilwert, Jean-Claude Weber, Sebastiaan van der Weerden, Pilo Weiland, Helmut Werner

Mein besonderer Dank im Emons Verlag geht an Sonja Erdmann, Ines Engbarth und die wunderbare Lektorin Susanne George.

Der Autor

Joscha Remus bereist die Welt seit über 40 Jahren und hat seine Passion für Luxemburg dabei sehr früh entdeckt. Zum 24-bändigen Werk des aus der Eifel stammenden Reiseautors zählt auch ein Sprachführer Lëtzebuergesch und ein Stadtführer »City Trip Luxemburg«.
www.joscharemus.de
joscha.remus@email.de

Die Fotografen

Julia Jenkins ist Anthropologin und Fotografin mit deutsch-amerikanischen Wurzeln. Sie besuchte über 120 Länder, studierte Anthropologie an der University of California (UCLA) und Fotografie an der Academy of Art University in San Francisco.
www.juliajenkins.com
contact@juliajenkins.com

Frank Fechtel lebt in Berlin und ist Ingenieur und Fotograf. Seine Leidenschaft ist die Reisefotografie. Er ist Mitglied der Fotografen Vereinigung Kreuzberg.
www.kreuzberger-fotografen.de
ffberlin@arcor.de

Fotonachweis